马君武

欲以一身撼天下

MAJUNWU

马君武 等 著

YUYI YISHEN HANTIANXIA

中国文史出版社
CHINA CULTURAL AND HISTORICAL PRESS

图书在版编目（ＣＩＰ）数据

马君武：欲以一身撼天下／马君武等著．-- 北京：
中国文史出版社，2018.1
ISBN 978-7-5205-0620-5

Ⅰ．①马… Ⅱ．①马… Ⅲ．①马君武（1881-1940)
－生平事迹 Ⅳ．① K825.46

中国版本图书馆 CIP 数据核字 (2018) 第 233980 号

责任编辑：梁玉梅

出版发行：中国文史出版社

社　　址：北京市海淀区西八里庄 69 号院　　邮编：100142

电　　话：010-81136606　81136602　81136603（发行部）

传　　真：010-81136655

印　　装：北京温林源印刷有限公司

经　　销：全国新华书店

开　　本：16 开

印　　张：16.75

字　　数：245 千字

版　　次：2019 年 3 月北京第 1 版

印　　次：2019 年 3 月第 1 次印刷

定　　价：49.80 元

目　录

CONTENTS ■

079 第三章　时局危贻，振臂疾呼

下编　丹青难写是精神

上编

欲以一身撼天下

第一章
苦学生，踯躅成长

四岁以后的事

——平南县署

我是光绪七年六月二十二日在恭城县署生的，但是父母离开恭城很早。四岁的时候，父母带我到平南，平南的事，至今尚记得很清楚。

我记得平南是一个很小的城，我们住的是平南县衙门西北角上一间小屋。屋门前有一株大榕树，树上有许多合群同居的八哥鸟。每天清早和晚上，它们叫得非常高兴，也很好听。大榕树底下有一对蛤蚧。衙门里的人都说这一对蛤蚧年岁很老了，年年都在榕树底下叫蛤叫蚧。出门向西走不多远，有一个水池。这水池到了夏天，开满荷花。水池向南有一间小屋，一厅两房。我父亲的东家姓曾的（名纪平，四川人），请一个姓阳的先生在这里教他的小儿子读书。我是我父母初生的第一个儿子，祖母把我当作宝贝，自己抚养。父亲和祖母商量的结果，叫我附在阳先生馆里读书。

小孩子初次上学的时候，照例要经过"发蒙"礼式。和我发蒙的就是姓曾的县知事。寻常发蒙时要读"人之初"这一部书上四句，就是："上致君，下泽民，扬名声，显父母。"

我父亲以为这未免太俗，并"人之初"一本书也全不要我读。他所指定要我读的是两部关于历史的书，就是《历朝鉴略》和《龙文鞭影》。《龙文鞭影》现在书坊尚有得买，《历朝鉴略》一书现在很不容易见了。我记得书头四句是："粤自盘古，生于太荒，首在御世，肇开混茫。"

一般人认盘古好像犹太《旧约》上开天辟地的上帝。最近上海戏场竟编有《盘古开天地》一出戏。好胆大的优伶，你们想解答世界开辟的神秘么？我们且谈谈"盘古"的来历：

《太平御览》卷二引徐整《三五历记》说："天地混沌如鸡子，盘古生其中，一万八千岁。天地开辟，阳清为天，阴辟为地。盘古在其中，一日九变，神于天，圣于地，天日高一丈，地日厚一尺，盘古日长一丈。如此万八千岁，天数极高，地数极深，盘古极长。"

活到一万八千岁的动物，且日长一丈，这真是任何动物家所意想不到的。犹太说上帝无生无死，盘古却有生有死。《还异记》说："死后头为四岳，目为日月，脂膏为江海，毛发为草木。"

《绎史》引《五运历年记》所说，大概相同。但加了下几句："气为风云，声为雷霆，肌肉为田土，齿骨为金石，汗流为雨泽。"

凡稍有近代科学知识的人，都应该知道这些话绝对不可能。大概中国人的始祖传说，历时愈久，追溯愈远。《商颂》说："洪水茫茫，禹敷下土方……帝立子生商"，《商颂》据王国维考证是西周中叶宋人所作的。中国人始祖是禹，禹又同商人的建立有关系。到了《论语》说："尧舜其犹病诸。"始有尧舜。秦国一般方士出来，始有黄帝。战国时许行出来，始有神农。《易·系辞》出来，始有庖羲氏。到秦始皇统一六国后，李斯说："古者有天皇，有地皇，有泰皇，泰皇最贵。"始有三皇。最后到汉代，中国与苗族关系愈密切，苗族的祖母——盘古——便变成了中国人的公共祖宗，变成了中国开天辟地的上帝，坐在三皇以前第一把交椅上。

我们住屋后有一个花园，园内满地都是喇叭花。园边围墙后是菜地。我记得围墙经大雨倒了，又没人去修理它，家里人却借此出入。祖母和母亲时常与附近种菜园的人来往，他们也时常送些新鲜菜蔬来。到年节的时候送一两只鸡来，祖母也送些东西回敬他们。有一天全衙门的人都非常惊慌，说是土匪要来围城，没多时土匪居然来了。城门都关闭了。直到夜很深时候父亲由县知事处回来，说："谢天谢地，土匪并不多，已经被团兵打散了。"我们大约住平南县一年。当时署理县知事大概是一年一任的，曾知事卸任，我们一家人都随着回到桂林。

　　我自从五岁离开平南县，以后虽然坐船到南宁经过平南两三次，但从没有时间去看看我"发蒙"的地方。直到民国十一年五月我在贵县遇难后逃到平南县住一晚，发蒙读书的小屋已不见痕迹了。我们曾经住过的一间屋，虽然存在，但是已破坏不堪。经过三十六年，门前的一株大榕树尚巍然犹存啊。

我的家世
——曾祖的苦学

前清嘉庆末年，湖北蒲圻县有做豆腐卖的夫妇二人，只生下一个儿子。他们虽然境遇很苦，却很愿意这儿子读书。这儿子也能体贴他父母的心事，读书分外用功。

他所从学的是一个姓吴的先生（我祖母告我此事，也忘记了这吴先生的名字），是蒲圻县很有名的一个教书先生。见这做豆腐人的儿子读书进步很快，甚是诧异。午饭放学的时候，他常常出去，不一会儿，就回到书馆里。吴先生问："你吃过午饭吗？"他应答："吃过了。"吴先生终不相信他吃午饭这样快，侦察之后，方知这学生并未回家吃饭，不过将几文小钱买些便宜糕饼，吃了之后，却赶紧又到书馆读书。吴先生很看得起这个学生，此后每天就留他在馆里吃饭。这学生后来考试中了道光××科进士，由主事留京任福建道监察御史，这个做豆腐卖的是我的高祖云台公。这个没有吃饭而苦读的是我曾祖郁斋公（名丽文）。

蒲圻县一带，至今许多人都知道这一位苦读成名且曾做好官的马丽文先生。前几年我和朋友杨时杰君谈起我的家世，他说："我们沔阳地方，民间至今尚传唱马青天道情，就是纪念马丽文先生的。"可惜我当时未曾问得这道情的词句。

我幼时尚看见家中遗下的曾祖奏折草稿数通，写的是褚遂良字体，秀美可爱。我记得有一套奏折是参劾对鸦片烟战争误国的耆善。不幸己亥年我和母亲住在桂林凤凰街的时候，邻舍失火，瞬息间住屋被焚，我曾祖所遗下的奏稿，我祖父手写的诗稿（《短笛集》）和我父亲的许多字迹，通通烧完。至今先人的遗墨便只字无存。

我曾祖为奏劾一般误国的满洲大臣的缘故，结果是遭他们的嫌恶，不久被外放做广东高州府知府。在高州时，有许多美政，颇为地方人所爱戴。但是一般满洲大臣，以为尚不免便宜了他，更向远处迁谪。由高州调至广西思恩府，当时的思恩府与现今的思恩当然是远不相同，是一个有名的烟瘴地方。我曾祖到任不过数月，便病故。我曾祖有两个儿子，大伯祖仍住蒲圻县未来。我祖父光吴公（祖母说："取这个名字，是纪念吴先生的。因为吴先生无子，曾祖欲将祖父过继吴姓，但是未能实行。"），随至任所。曾祖死后，家徒四壁，灵柩不能运回湖北，后来就葬在桂林北门外两湖义地。我祖父不能回到原籍，就流寓桂林了。

我幼时见一部近人笔记（仿佛是《金壶偶谈》，但记不清楚了），说我曾祖有一天与同僚会集，有人举我曾祖的名"马丽文"求对。在座的有一位"蔡振武"。一人说："蔡太守的名就对得很工整。"他一人说："丽文对振武固不错，可惜蔡字对不上马字。"那位先生说："你不记得《论语》上臧文仲居蔡之朱注么？"坐客大笑，从此那位姓蔡的太守，便得一个"蔡大龟"的绰号。我祖母常对我们说："你们切记不要忘记了你们曾祖的勤苦。家里虽然穷得常常没有饭吃，也会读书出名。"这是我们儿童时所受的深刻教训。

四十余年前桂林的物价和生活状态

——慈父严母

我祖父是一个人跟随曾祖父到广西来的。祖母雷太夫人在蒲圻县去世，父亲不过几岁。后来祖父在桂林续娶吴太夫人，因父亲年纪太轻，便托同乡姓张的带到桂林。姓张的是时常往来汉口、桂林间的商人。

祖父多病，流寓桂林十余年，干了些不要的差事。他一生穷愁的产物——《短笛集》，不幸于己亥年被火烧失。他十年左右在桂林所经历"穷"与"病"的生活，全靠吴太夫人安慰他。我父亲到桂林没有几时，祖父一病不起。家中一大部分人都在湖北，在桂林的，只有祖母和父亲。

"衡臣（我父亲的别字），你干点什么事好呢？捐官做没有钱，投考没有籍贯，你还是学'刑钱'罢。"这是吴太夫人和父亲商量的话。

我父亲这时不过二十岁，我祖母是一个有本领、善应酬的人，居然托熟人介绍得临桂县刑幕李申甫先生的许可，收了我父亲做门生。

我父亲就恭城县幕职好几次。由平南县回到桂林，又去恭城两年，但是家眷都没有同去。我父亲过年节时或回到桂林，在家住得最久是年假，大概十二月底回家，住到过了元宵又去恭城。

我六岁或七岁时从汤荫翘先生在盐道街关帝庙读书，初学做三个字对子。有一天汤先生出一副对是"鸡唱午"三字。我想了一想，写了一副对，抄在小本子上交去，对的是"鸟鸣春"三字。我父亲恰好来看汤先生，汤先生把我对的打了双圈，说："这小孩子很奇怪，如何对得出这三个字？"我那时弄得莫名其妙，心想这三个字有什么好，值得两位老前辈这样称赞。其后我过了几年，读韩昌黎文至"以鸟鸣春……"才知道汤先生和我父亲称赞的缘故。

我父亲每月馆修所得不过三十余元，留几元零用，每月以三十元寄与吴太夫人做家用。那时我大伯父、大伯母和道隆哥、巧姐，都由湖北来了。伯父长孙道铨哥、和二伯父杞臣也来了。但杞臣伯父是不常在家的，他去做他的把总老爷，常往南宁。我们住在义仓街姓萧的房子里，全家连男女仆役有十余口人。

我们所住义仓街的房子是三开间两进半，最前半进做书房和门房，中间一进祖母和伯母、巧姐住，最后一进母亲带弟妹和女仆住。每月房租银五元。

那时的物价不及现今十分之一，米一千五六百文制钱一担，猪肉九十六文一斤，牛肉六十四文一斤，青菜豆芽每斤不过十余文，所以三十元一个月的收入，十几个人吃饭（仆役的工资，每月不过六百文至一千文），居然绰绰有余裕。吴太夫人午餐要饮一小壶三熬酒。她非常好客，常来我们家里做客的有：吴家婆婆，李太师母——就是李申甫先生的夫人和李九娘——就是李太师母第九个女儿，拜给我祖母做干女的，李家九叔——是祖母义姊的儿子。每次父亲有家信回来，都请李家九叔来写回信。李家九叔是临桂县秀才，但是他书桌上除了一部《小题正鹄》之外，并无他一部书。这是我们做小孩子的时候，觉得很奇怪的事。

我自从在平南县与父亲同在一处之后，与父亲见面的时候，都在他年假回桂林的十几天。我父亲是非常慈善的人，对吴太夫人非常孝顺。吴太夫人酒后脾性不好但虽甚怒之时，得父亲一言即解。吴太夫人最宝贝长孙，父亲却四个儿女都是他的宝贝。祖父去世时，父亲才十六七岁，已经写得一笔好颜字。仪表都雅。外舅祖（母亲的舅父）陈允庵先生最爱他。与东家相处，个个投契。所以父亲自就幕以来，未曾闲过。父亲就馆的地方，或是荔浦，或是恭城，都距桂林很近。年假回家的时候，我和妹妹弟弟都围绕着他，他好不喜欢。他年假所带给我们的东西，不是荔浦芋头，就是恭城柚子和恭城柿饼，这都是我们小孩子最爱吃的东西。

我一直到九岁未曾受父亲骂过一句，且并未见过父亲有一次发气骂人。由父亲所听都是和霭的话和鼓励我们读书成才的话。母亲则大不相同。她说："铁不打不成好钢，孩子不打不成好人。"她教我们读书的时候，手中所拿的是一根粗重的大棍。或者我十七岁的时候，所受的一次痛打，是最后一次罢。唉！现在父亲过去四十二年了，母亲过去一年多了。母亲过去前一个月，到杨行去看我的病，偶然说到小时挨打的事。母亲说："你不挨打，焉有今日？"我今日有什么半点成就？真辜负我的慈父严母啊！

家庭的崩溃

—— 一碟臭咸菜的生活

　　十几口人吃饭的家庭，总不能不算一个大家庭。这样的家庭，靠一个人供养，这一个人一遇不测，如是全个家庭必然分崩离析，不可收拾。我们的家庭就是这样。

　　我父亲是光绪十六年五月九日在马平县过去的。头一年到马平的时候，一个姓傅的朋友和我父亲说笑话，他说："马平二字于你不利，你不好去。"父亲头一年年假回家，祖母因为家眷未去，叫道铨哥跟去马平。

　　李九叔得我父亲凶讯最早。有一天他来见我祖母，吞吞吐吐说道："听说三哥（父亲行三）在马平有病。"祖母说："他身体本来虚弱，容易得病。"李九叔又吞吞吐吐说道："听说他病很重。"祖母说："有道铨在那里，会招呼他。"李九叔便也不再说了。有一天早上，祖母在门口买菜，我突然跑到她身边说："叔叔今天动身回家。"祖母说："不要瞎说，五月节过去好几天了，你叔叔哪有工夫回来？"（因为二伯父未娶亲，一定要我过继他。所以我叫父亲做叔叔，叫母亲做婶娘。）后来问起道铨哥，父亲的灵柩恰好是这天由马平起程回桂林。

　　又过了八九天，道铨哥回到家中，满身穿白，先到祖母面前跪下，叩了几个头，哭过不止。祖母看见发呆，说不出话来，一家人集合到一处。道铨哥起来说我父亲过去的经过，说："病初起并不要紧，父亲想快快医好病回去过端午，吃药太杂。最后吃错了秦医生的药，服了什么牛黄，如是大泻不止，不过一二日便不可救了。现在灵柩停在万寿寺。"

祖母和母亲哭得死去活来，一家人都慌张无主。我们这一家是吃在口里，穿在身上的，一点储积都没有，眼前丧事就办不下来。

祖母把陈允庵外舅祖请来了，说一切请他做主。允庵先生是广西抚署的第一幕宾，平日穷亲戚靠他吃饭的不知多少。无论亲戚朋友有什么事求他，他无不尽力帮助。何况我母亲是他独一的外甥女，我父亲是他最爱的外甥女婿呢。他好好地安慰了祖母和母亲一番，说："一切有我做主。"

允庵先生和我父亲择日开吊，并且在我们家中请了一次客，向大家说了一番"衡臣不幸过去了，母老子幼，请大家帮忙"的话。如是几个至亲好友有认定一次帮助数十元的，有认定每月帮助一元或一二元的，除了办丧事之外，大概剩下一百元左右。每月由各亲戚帮助的总共不过五六元。一个家庭由每月收入三十元突然减到五元六元，是何等不了的事，当然要四分五裂了。大伯父死去多年，大伯母带了道隆哥和巧姐去依她的堂兄易小川先生。巧姐我记得非常美丽，又非常和蔼，我小时候最喜欢跟她。她不久嫁了小川先生的大儿子。易小川后来做容县知县，他们三人都同去。道隆哥和巧姐都死在容县，易小川先生也死在容县。大伯母病得很重，同易家表哥回到桂林，不久也死去了。

道铨哥已经有二十余岁了，看到这种局面不得不出去自寻生活。离开我们以后，真穷得不像样子。但不久也找到一种生活方法，做些手工艺，混到民国十年死在桂林。

一个月五六块钱，一家老小六七口人如何过得去。舅父诸嵩先生有一座祖遗房子，他就馆在外，叫我母亲去住他的一份。我祖母是一个素来骄傲的人，自然不愿跟媳妇去住她外家的房子。于是祖母和母亲分居两处。一弟一妹跟随母亲，我是自幼跟惯祖母的，仍然同祖母住一处。

祖母和母亲都是读过书的人，祖母对于中国历史最熟悉。我从小跟祖母睡。她床头堆积的是《聊斋志异》《水浒传》《三国志演义》几部小说，看了又看。我这时才十岁，也跟住学看过这几本书。我和祖母住在大白果巷伍家。伍家老太太是祖母的义姐，有几个孙子请一个先生教书。我也跟住他们读书，这位先生就是赵健卿先生，现今在广西大学做秘书。教过我小学读书的先生，现在只有赵健卿先生一个人了。

祖母住在伍家的时候，道铨哥在桂林下关做事。每个月送点钱来，不久祖母为李九叔请到车井巷去住，在他的间壁住了一个房，我就从李九叔读书。但是祖母的光景实在为难，依了母亲的请求，把我交与母亲教养。我离开祖母的时候是十一岁。

桂林的物价当时虽然很低，但是五块钱一个月，如何能维持大小五个人的生活？于是母亲除了照顾两个儿子两个女儿之外，要向裁缝店领衣服来缝衣边，又向爆竹店领爆竹来插引线。我和大妹年纪稍长，每天有许多时候帮母亲缝衣边，插爆竹引线。母子五人吃一碟臭咸菜送饭，午后吃剩下的，晚饭再吃。弟妹识字是母亲教的，把我送往通泉巷廖先生处读书，每天所读的书，晚上要背给母亲听。那时我十二岁，读的是《书经》和《唐诗》。母亲在一个油灯下，一面缝衣服，一面监督我读书。旁边放有一条很粗的竹板子，背错了一个字，头上至少挨一板。我记得挨打最多的，是背《书经》中的《盘庚》和《唐诗》中的李白《蜀道难》吧。

堕落与悔改

二妹当父亲过去的时候不过一岁，这时有四岁了。为营养不良的缘故，得所谓"癫"病渐渐地瘦得不像样子。母亲哪里有钱去请医生，由这个亲戚和那个朋友得些方子去医她，医了两个多月不见效，死去了。

我一直到十二岁尚未见过母舅诸嵩生先生的面，他在陆川就馆很久，这一年才回桂林。母亲只兄妹二人。他看见母亲这样光景，自然有许多话安慰她。同时想减轻些母亲的担负，就和母亲商量带我到阳朔读书。又带了跟随我父亲很久的仆人阳贵去，就叫他照顾我。

舅父说我的字写得好，所有一切批词和公文都叫我抄写。除了经书之外教我看《雍正上谕》《东华录》《大清律例》等书。又教我抄写许多"例案"。我此时对于这些书可谓毫无趣味。我和阳贵住在后房，前房就是舅父的公事房。舅父到公事房是有一定时间的，只混到舅父离开公事房之后，我便开始我这时期的山上活动。

阳贵是年纪已老的人，我又未得有志向相同的朋友，所以我的活动是单独的。阳朔是山水很好的地方，我每天等到舅父离开公事房之后，就一个人去跑山。阳朔城内外的山，没有跑不到的。看见奇异的植物，就采集回来。阳朔产的李子最佳，有紫色的，有黄色的。遇到李园，就随便吃李子，还带许多回家。好在那些园主都知道我是诸师爷的外甥，遇见了不但不干涉，还和我说些客气话。有一天看见人家园里有许多很大的果子成熟，我很奇怪，何以没有人去摘来吃呢？摘了一个，开口便嚼，哪知又苦又涩，说不出的怪味。那主人却笑嘻嘻地向我说："这是油果，吃不得的。"

阳朔山下随处都是蟋蟀。我每等到天黑的时候，便去捕蟋蟀。捕了许多，使它们相斗，非常得意。有一天已经天黑了，看见一个很大的蟋蟀，用手急罩过去。一看见一个蝎子，吓得赶快掷去，幸而没有螫伤手呢。

阳朔的柚子是圆而苦的。舅父家眷住的屋后有一株柚子，却是沙田柚种，但是他们不知道。我发现之后，也等不到十分成熟，一个一个摘来吃。舅父对此颇为担心，以为吃酸柚会生病，屡次责备。后来写与我母亲的信中，这偷吃酸柚，也是我几大罪状之一。

阳朔附近的山我没有不上去的。倦了就坐在山上或城边看漓江的河水下流，或仰看碧天上的行云浮动，欣赏那自然的美，幽然意远，自寻得出一种乐趣。

十二三岁的人是喜欢结交朋友的。这时与我年龄相当的就是县衙里一般年幼仆人，我自然容易和他们玩在一处。到了晚上，我的自然界活动不能不停止了。如是就与这些年幼仆人同化，跟着他们一路去打天九或斗纸牌。

舅父已知道我的山上活动，斗蟋蟀，吃桐柚果，已经很不愿意。况且又知道我去和一般年幼的听差打牌赌钱，于是忍不住勃然大怒，认为不可教诲，着阳贵伴我由阳朔送回桂林。同时有封长信给我母亲，列举我在阳朔的种种劣迹，要母亲严加管束。

这一次所挨的打，恐怕是这一世最厉害的吧。遍体都是伤痕，几天睡在床上不能行动。大妹和二弟年纪虽轻，都来说些话来安慰我。大妹说："哥哥学好罢，这样使母亲怄气，成什么话？"我听了这些话益加流泪，此时便下一个很坚定的决心，就是"拼命读书"和"立志做人"。

十二表舅陈智捷（允庵先生的第四个儿子）有一天向母亲说，他的亲戚张善庭家延有伍连城先生教书，西门街离五美塘不远，我可以去搭馆。我十三岁至十四岁从伍连城先生读书，于是年完篇（就是能做整篇的八股），把父亲遗下来的书通通读完。每天上学和下学的时候，我并不虚费，手中拿着袁了凡《纲鉴》《圣武记》或其他的书，一边去街，一边读书。

祖母往南宁
——陈太夫人

　　我从阳朔回到桂林之后，急着去看视祖母。因母亲这边得陈允庵先生的扶助，尚勉强地支持最低生活，祖母的状况就很不堪了。她租了一间房住在鼓楼底萧姓药材店内。有两三个义女时常来往，往来最密的是区家姑妈（现在在南宁财政厅做科长区炳辉的原配，过去已久）。招呼她的是父亲在时已在我家服务最忠实的婢女财喜。但是财喜年纪很大了，由区家姑妈做媒嫁往广东。从此，祖母便孑然一身了。

　　祖母看见我回来，当然非常喜欢，时常还勉强做些好饭菜给我吃。但是，生活已实在不能支持了。恰好此时杞臣二伯父在南宁有点小差事，写信来接她到南宁。祖母此时不能不去，由她姓张的义女雇了小船，独自一人往南宁。母亲带了弟妹来送行，说了些伤心的话便回去了。我和张家姑妈送她下船过了下关，总是不忍分离，一直送到斗鸡山下。祖母叫我回家，我不住地流泪，站在岸上看见小船已开远了，方走过许多沙地、菜园回来。我记得这一天日光很大，树上的蝉声不住地叫。斯飞呀！斯飞呀！这就是甲午年夏天我与祖母吴太夫人永别的一天啊。

　　祖母之外，对我很钟爱的就是我母亲的舅母陈允庵夫人。我由阳朔回到桂林，仿佛是癸巳年九月。未曾到张家搭馆之前，母亲带我去见她。她自己无女，很钟爱我母亲。她常叫我母亲做外甥姑娘，叫我做外孙。她说："外孙再去别处搭馆不方便，就到我们家中和梅子读书，由几个先舅教他读书罢。"

梅子，是夷初表弟的小名，他是七表舅的儿子。此时陈太夫人只有他一个孙儿，年仅七岁。间或来教我们读书的是俊卿八表舅和月三十二表舅。我们读书的地方是陈府后花园。园的北边有一座楼，楼上藏有许多书。楼下有四间房。中间一厅，便是我和梅子表弟读书的地方。

我此时最喜读的一部书，叫作《读书乐趣》，书中载有许多花卉栽培方法。书房中有一部《快雪堂会帖》，我时常取来临写。花园中种有许多芭蕉，芭蕉叶就是我写字不费钱的纸。

陈府人口甚多。但是，陈太夫人吃饭，必叫我和梅子坐在她身边。夜间，就睡在她前面相邻的房间里。真待我和她的自己孙儿一样。

甲午中日之战
——唐薇卿先生

　　甲午年我仍在陈府读书。这年，中国史上起一大变迁，就是中日开战。我常由诸位表舅谈话听到战争事情。起初，他们都说中国是一定打胜的。以后，消息愈来愈坏，他们每每不胜愤慨，都痛骂李鸿章主和，是中国秦桧。后来，听到割台湾，割辽东，大家更是悲愤填膺。其后，又听到台湾独立，桂林府灌阳县人唐景崧做了伯里玺天德[1]，大家又兴高采烈了。"唐景崧、刘永福，真是当时的英雄！"一般长辈见面时都以此二人作谈话资料。及唐景崧离开台北，大家的希望又集于刘永福一人。不幸刘永福几个月后也不能支持，台湾从此遂沦于日本人手中了。

　　唐薇卿先生（景崧）和胞弟景崇、景封都是翰林。"一县八进士，同胞三翰林"，这是桂林很夸耀的话。他散馆后官吏部主事。值中法战争起，他挺身走安南联络刘永福，为中法战争一个有力的支队。详细的经过，薇卿先生自著有《请缨日记》一书记载。此书现在桂林尚有出卖的。

　　唐薇卿先生是我的恩师，我初见他是在五美塘后边的菜地上。我们当时住在五美塘一小巷中，屋后便是菜园。薇卿先生以这片菜园在榕湖旁、风景甚佳，想买来建筑房子，所以常来看。有一次他和几个人同来，种菜的人指

---

[1]　即 president，总统。

着他说："这就是在台湾抗日失败回来的伯里玺天德唐景崧。"

桂林人有许多跟随唐薇卿先生去过台湾的，和我说当时台湾独立情形如下：

马关和议既成，清廷派李经方会日本桦山资纪交割台湾，台民异常愤激。台籍主事丘逢甲（号仙根），首建自主之义，全台响应，决立台湾为民主国，独立抗日。清廷召唐景崧内渡，不应。台民举唐为伯理玺天德，刘永福副之，于乙未年五月二日宣誓就职，年号永清。国旗长方，蓝地黄虎，虎首向内。改台湾旧司衙署为内、外、军三部，各置大臣一人。内政部大臣为桂林人李秉瑞，外交部大臣为台湾人丘逢甲。开上、下两议院，下院议员由人民选举，上院议员为各军政代表。统率全岛团练，唐守台北，刘守台南，林守台中。发放罪囚，募集军饷；并得张之洞汇到银八十万两，设官银总局于台南，总理财政的是江苏人任佑生。

光绪二十一年（即乙未年）五月三十日，日兵八十三人，由三貂角附近之澳底上陆，夜宿顶双溪。各地方的团甲村老姓名，日人俱已先事调查。日兵一到，即召集他们诱以重利，故三貂岭上虽驻有淮军，竟无人往通报，尚不知日兵已经登陆。拂晓，日军八十人，向草岭及三貂岭进发。大队日兵继至，即行进攻。统领王国经受伤，三貂失守，基隆继陷（唐见基隆危急，调广东兵守炮台，不料淮军营长姬高期受日运动，竟反穿号衣作先锋攻炮台）。而沪尾炮台，淮军又变，开炮轰击英国商船。英炮舰开炮轰击炮台叛兵，叛兵溃逃，日本兵遂进占淡水港。台北省城被围，唐欲退新竹已不及，整理衣冠，拔枪欲自杀，为其部下所阻。挟之奔淡水港，乘船赴厦门，台北城遂陷。这是乙未年六月十四日的事。林朝栋闻台北危急，率兵至新竹，而台北已陷，即在新竹防守。日兵来攻，血战两个月，日兵死伤数百，率因林之大炮破裂，退守至彰化。日人再攻彰化，刘永福派黑旗兵与林同守彰化，抗战约三个月，战争最为剧烈，击毙日军统将能久亲王。后彰化失守，林朝栋战死，刘永福以大势已去，外无援助，遂亦由平安港潜赴厦门。林朝栋所统率的台湾团练，颇能战，本驻防基隆，后因台中空虚，调往驻守。而守基隆、台北的淮军，竟不堪一战。昙花一现的台湾民主国，遂于出现后四十二日消灭了。

太平天国是两广人联合活动的历史，台湾独立也是这样。主角唐景崧是广西灌阳人，刘永福是广东钦州人，丘逢甲虽是台湾主事，但是广东蕉岭籍，台湾亡后回到广东，还做了几年广东咨议局的议长。《请缨日记》第一册载有薇卿先生所作的几首诗。我们知道他是诗家，但除这几首之外更无法找得他其他的著作了。

第二章
一代宗师，教泽在人

新学术与群治之关系

　　闻之生物学者有言：人类之心才，所以超越于下等动物者，以其富于学习性也，以其富于推度性也，以其富于悬想性也。唯是之故，故人类独有学术，而下等动物无之；文明人种独有新学术，而野蛮及不进化之人种无之。盖自有宇宙以来，物种存亡之故，群治进退之原，其理赜、其大要在是矣。生存竞争，最宜者存，其宜性何？即能发明最新之学术，而进化不已之谓也。通观自有历史以来之世界万劫尘尘，国种兴衰，若循环然。然当每一新学术发明之时，则必震撼一切旧社会，而摇动其政治经济等界之情状。有变者，有不变者；有胜者，有不胜者；如春雷之始鸣，冬雪之初降，宇内万象，一切变色。甚矣！其势力之巨大也。今者新学术之盛，莫盛如欧美。凡立足于地球之各种人，莫不吸其余粒，丐其流波，以之存国，以之保种，不如是者，灭亡随之。红黑种之凌夷，日本、菲律宾之勃兴，皆其最亲切明了之例证矣。然西方新学术之盛也，至今实不及五百年。今略述其梗概于下，以见西方群治进化之故，其阶级固历历可寻也。

　　西方新学兴盛之第一关键，曰古学复兴 Renaissance（今译文艺复兴）。古学复兴之字义，即人种复生时期 A second birth time of the race 之谓也。欧洲之在中古时代也，希腊罗马之学术，既坠于地，生于其时之人，茫茫然无所知识，不知世界为何状，不知世界之万物为何状，乃至不知己为何状，故西方历史家谓中世纪为黑暗时代。若是者垂千年，殆至十五世纪之初，乃始由漫漫之长夜以达平旦也。

中世纪之人，无治自然科学（Natural science）者。虽其时最号有学之士，皆信日及行星皆绕此地球以行者。天文之学，唯职星占说祸福者治之，虽算学亦远不及。古教会以外，无治美术者，绘画建筑，皆守古法而无进步。盖其时之人，几尽无美术文艺之思想，更无论其他矣。

古学之复兴也，实以意大利为滥觞。当是之时，意大利之为通商聚点者，既二三百年，财富充积，城市繁兴，物质之文明最发达焉。因是之故，故最易唤起国民美术文艺之感情，而古学复兴，亦以美术及文艺为开始矣。

绝世大诗人但特 Dante Alighieri 者（今译但丁），既于十四世纪播雷名于意大利。培特拉克 Petrarch 及包卡休 Boccaccio（今译彼特拉克及薄伽丘）继之。培氏以能作抒情诗（Lyrical Poetry）名，包氏以能作韵文名。同时有纪偷（Giotto，今译乔托）者，于绘画界开新纪元，能活肖天然事物及人类事物之真相。是为古学复兴之第一级。

十四世纪之末，奥多曼土耳其（Ottoman）既取君士但丁罗布（今译君士坦丁堡），希腊学人，多自东徂西者，于是希腊学始复兴于西欧。盖在一四五〇（年）之顷，欧人之治希腊罗马文学者已报众矣。是为古学复兴之第二级。

自研究希腊文学者既众，而研究科学之志，勃然遂兴。此为古学复兴之第三级，实即其第末级也。当时之所谓科学者，唯史学及神学二者而已。然因是能知疑问（Questioning），批评（Criticism）之用，又知聚积（Collection）、比较（Comparison）之法，后遂推阐之，使益广矣。

在十五世纪之中叶，忽得一奇异之新发明，以促学术之兴盛，而大启人群之智识者，即印书器之发明是也。发明者为何人，及本何意，皆不可知，唯知其出自莱因河之近傍而已。其法未久即通行于全欧洲，意大利尤盛，几乎无市不有其业，而费尼士（Venice，即威尼斯）犹为书业之中心点矣。

发明印书器之所以有功于人智之进步者，何也？一在骤加书数，使人住居何处，皆可得书；一在大减书价，视旧价减五分之四，于是人人有力购书。是诚智识进步之一大关键也。说者谓，结中世纪之终，开近世纪之始。印书器发明之功，视火药发明之功尤大。盖火药亦同于是时发明。战争之术，亦经一大革命也。

意大利古学复兴之结果，即美术文艺之勃兴，及研究拉丁者众是也。是时处阿尔伯司（Alps，今译阿尔卑斯山）山之北者，为偷通人种，其中如英伦者，当十五世纪之末，十六世纪之初，亦大被古学复兴之效。奥司佛大学（Oxford，今译牛津大学）之学生，名叩累（Colet，今译科利特），之伦敦立圣保罗学校，传教育之新法。德麻司摩儿者（Thomas More，今译托马斯·莫尔），题理第八之大臣也，实为是时智识改革者之领袖。又始有人研究《新约》，而知原始基督教之真性质矣。

当一四九八（年）之时，有荷兰学生名尔拉司母者（Erasmus，今译伊拉斯谟），家贫不能至意大利，乃之奥司佛学希腊文，与叩累摩儿友善，学识赅博，为一智识改革之大代表者。讥僧侣及烦琐哲学派之暗陋，著 *Colloquies* 及 *Praise of Folly*（即《谈话录》及《愚人颂》），通欧洲人竞读之。又精心考核《圣经》，指摘教会神父著作之杂和伪误者。于一五一六年自译《新约》刊行之，其后路德改教，大受其益。路德初次攻击加特力教会，尔拉司母犹及见之。尔氏于宗教改革之事，与路德表同情，然其中之要点，亦多与路德异者。

古学复兴之历程，大略如是。今请言其关于群治之大效果。

一、智识之进步也。当尔拉司母之末年，欧人智识之发达，已迥出乎希腊罗马古昔文学范围之外。地球各处开通者既多，地球之真形渐明，及新大陆出现，欧人乃益知地球焉，太阳行星之关系如何，而地球之确属太阳系 Solar system 中，无可疑矣。

二、商业之扩张也。十五世纪之人智既进步，遂皆热心于商业之竞争。盖当十字军兴之时代，商业家之目的，在能达印度以交换东方之产物，然其路不通。十五世纪之新目的，在能发现一新路以至印度，而更经过回教诸国及埃及之难。当是之时，西班牙及葡萄牙之商业最盛，而北地中海为土耳其所据，行旅不通，唯费尼司（即威尼斯）之商人与土耳其之酋长立有专约，独许行焉。故西、葡之人，皆欲得一不由地中海之新航路，以达印度。于是商船始有出航大西洋者。罗针之发明虽早在十二世纪，然其适于航海之用，则尚未全知，至十五世纪而其用始广也。

三、葡萄牙之寻得新地也。最初之寻得新地者，为葡萄牙人之寻得亚非利加（即非洲）之诸西岸。既寻得之，获商货甚富，遂欲由是通行印度。当是之时，葡皇族有名显理者（Prince Henry，即亨利王子），亲身航海，常居于温深海峡（Cape St. Vincent，即圣维森提角），聚积一切科学之知识，及航海者之报告，鼓励国人，使益南下。显理虽早死，未能亲见航争之成功，而葡人习于海涛之险。一四八四年，已有过赤道而南者，至一四八六年底亚司（Bartolomeu Dias）已乘潮过喜望峰（今译好望角）。喜望峰者，底亚司之所名也。后十年，遂由是达印度。同时有德叩雨能（de Covilham）者，过埃及 Egypt、尔调披亚（Ethiopia，今译埃塞俄比亚）沿非洲之东岸，以航印度。一八九七年，加马（Vasco da Gama，今译达·伽马），始环行亚非利加一周，以达茅津比克（Mozambique，今译莫桑比克），与一操阿拉伯语之导航者，共至印度。后二年，携东方产物以归李司彭（Lisbon，今译里斯本）。印度之航路，至是始大通矣。

四、科仑布（今译哥伦布）之成功也。科仑布自幼时，知地球为圆形，以为地球之大，必不止如今人所知者。且西行不已，必有更近之船路，以达印度。遂毅然亲自航海以实证之。于一四九二年八月三日出航寻得古巴，以为是即亚细亚也。于次年之三月十五日归，以报告其成功，谓寻得一新航路以达印度矣。科仑布再行，复寻出南亚美利加（即南美洲），卒未达北美洲。北美洲以英使卡包特（Capot）之所发现者，然筚路蓝缕，导先路者实科仑布也。科仑布既成功，各国之人争起效之，英、法、西、葡四国之人发现新地之事，几日已有闻。最著要者，如一五一三年巴尔包（Balboa）之发现太平洋。一五一九年马志仑（Magellan，今译麦哲伦）由南美洲之极端，通过太平洋以贯至东印度。马志仑虽为土人所杀，而其副使继之，过喜望峰以归西班牙，而实证地球之确为圆形。航路四通，人智益骤进矣。

五、经济界之革命也。新地之发明既多，于是欧人之商业，不仅为地中海之商业，而变为大洋外之商业。国境与大西洋接之诸国，如英、荷、西、葡诸国之人，皆成为欧洲营商之大国民。李司彭代费民士兴起，为商界之中心点。墨西哥、秘鲁之金货，日自美洲以流入于欧罗巴之市。欧人之劳动者得工价甚高，一时劳动社会，颇著兴盛富裕之象矣。

六、物理学之肇兴也。当是之时，有发明太阳系之真相，与科仑布并著绝伟之功绩者，为哥白尼（Copernicus）。哥白尼者，波兰人也。生于一四七三年，游学意大利，最嗜算学及天文学。疑地球为天体中心点之旧说不确，虽其时无测量之精器，而哥氏务立多证以祛旧疑，而终不敢贸然著书。于一五四五年病床之下，留一书以倡地（球）为行星之说，遂开今此之新天文学。夫哥氏不唯新天文学之祖也，今世科学进步之初级，实大赖之。盖自是世人乃知以观察（Observation）、比较（Comparison）之法讲学，而科学之发明者遂日多矣。

此皆古学复兴后之最著效果也。中间百年又有十七世纪科学大发明之事。

人文开发、生计变迁之大时代，为十五世纪，既记之如上矣。文学之复兴，印机之创始，海洋之发现，皆此世纪之大纪念。而路德之改教随之。十六世纪之欧罗巴，乃全陷于战争之盘涡中，故科学之在十六世纪，无甚进步。

至十六世纪之末季，乃初现一人文发启之新时期，即英伦之文学是也。当是之时，英伦力与西班牙决海上之死战，文士乃作许多激刺军心、鼓舞勇气之诗歌，一时大流行于通国。而以利沙伯时代 [1] 之最美产物，即戏曲也。历史小说，册多价昂，不如戏曲之小册易购，而当时之最大戏曲家，即索士鄙亚（Shakespeare，今译莎士比亚）也。即今观之，若索士鄙亚为全时期

---

[1] 即英国女王伊丽莎白一世在位时期。

之唯一代表者然。然当时戏曲者若本·宗孙（Ben Jonson，今译琼森）、马娄（Marlowe，今译马洛）、包蒙特（Baumont）、佛累缺（Fletscher，今译弗莱彻）者，皆一代有名之戏曲家也。

文学以外，十七世纪之大成功，即科学之进步是也。而沟通文学、科学之界者，实英伦之佛朗西司·倍根（Francis Bacon，今译培根）。其所著文集 *Essay* 为文学界不朽之贡献，而其所著《进学篇》则文学、科学两界不朽之贡献也。倍根力攻烦琐哲学，而主张视察（Observation）、经验（Experiment）之必要，及归纳法（Inductive method）之当修。

十七世纪科学进步之先锋，实刻白勒（Kepler，今译开普勒）及嘎利留（Galileo，今译伽利略）之天文学。自哥白尼发现太阳系（Solar system）之后，刻白勒更明定行星之轨道，且立星动之三例。同时嘎利留于意大利发现木星之月，且谓金星之光，与地球之月等。于是哥白尼人阳系之理人定。

十七世纪之末季，发现一奇异重大之理，即奈端之地球吸力说是也。是与刻白勒之天文说合，而天文学之算测实验，得此以定，而科学之根本基定矣。由一六○○（年）至奈端之死耳，科学之进步，虽十九世纪之盛，不足与比。而重要之物质公理，皆发明于此期间。

此期间科学之进步，实国际的性质也。哥白尼发明太阳系自波兰，嘎利留实证之自意大利，然其所持望远镜实至自荷兰。刻白勒，德国人也，其论料本于布拉赫（Tycho Brahe，今译第谷）。布拉赫者，丹麦人也。集大成者英人奈根。然至法人鄙卡儿（Picard，今译皮卡德）精测度之后，奈端之证益明。若是其大之建筑、欧罗巴之国民，殆各与有力焉。

当是之时，科学界外之大进步者，曰法律之思想。经验派大哲学家洛克（Locke）讲心灵学、教育学，又论政府存立之原因及其职能。美、法二国大被其影响，至今已定为普通之法理矣。与洛克同时，本宗教之神力、抱法律之新思想者，为英伦之自然神教徒（Deist）。

十八世纪之初年，法国之国事犯多逃于英国。其最有名者曰福禄特尔（今译伏尔泰）及孟德斯鸠，大感夫三权分立（Three different lines of influence）之制。当是之时，英民之自由，虽不及其在十九世纪之完，然比之法国，则相去远甚。有洛克之政治哲学，有自然神教徒之法律思想。乃著书疾呼，以定法兰西之改革案，明政府之真相，宣自由之木铎。法兰西大革命起，十九世纪欧洲之大革命起，其原动力皆此区区数册法理学也。

法兰西革命前，专制君主路易十四者，其功罪不相掩也。彼以独力与全欧搏战。当彼其时，法国文学之盛、戏曲之美，几达极点。叩累（Corneille，今译高乃依）、莫丽儿（Moliere，今译莫里哀）、拉西（Racine，今译拉辛）之徒，互竞才技，法兰西之语，因以改良。十八世纪之全期，法兰西为欧洲大陆之教授导师，法语遂成为欧洲大陆之普通语，以至于今。

就大体言之，谓十八世纪为建设之时代，无宁谓之为破坏之时代。此时代之学风，以观察及经验为尚，又将各种事实聚集而类别之，批评十七世纪之旧理，而发其误失，预备十九世纪之进步，而导其先路，此十八世纪之特质也。

然十八世纪之二大发现，固有不可忽视者。一曰氧气（Oxygen）之发现，因此知燃烧之本性，而废百年沿用之炎火（Phlogiston，今译燃素）旧说；一曰拉卜拉司（Laplace，今译拉普拉斯）之天文学，适于十八世纪之末年出版，始发明星云（Nebular）臆说。且此世纪中，讲自然科学者，益知用类别之法（Method of classification）。若林留司（Linnaeus，今译林奈）之植物学，巴俸（Buffon，今译布丰）、顾费儿（Cuvier，今译居维叶）之动物学，皆善用类别之法，而即进化论文之先声、达尔文之前导也。于医学发明种痘（Inoculation）之法，而弗打（Volta，今译伏打）、贾费尼（Galvani，今译伽伐尼）、佛兰克令（Franklin，今译富兰克林）之始研究电学，即在是时。

十八世纪所发明之一种新科学，而今日占极重要之地位者，即经济学（Political economy）是也。当十七世纪之末，叩倍儿（Colbert，今译柯尔贝尔）始著论政府管理工商之法。其后法国之 School of Physiocrats（即十八世纪法国重农学派）立，始论富之生产分配。而魁司累（Gueslav，今译魁奈）

者，实此学开创之始祖也。其后古累（Cournay）、偷苟（Turgot，今译杜尔哥）亦稍有发明，然使经济学之完全成一新科学，实自亚当·斯密始。亚当·斯密之 *Wealth of Nation*（今译《国富论》），实以一七七六（年）出版于苏格兰也。

且十八世纪之最大革命，即工事之盛用机械是也。自一七六〇（年）至一八〇〇（年）之间，机械之创造改良者无数，汽机亦于是时经大改良，而合于用。哈格里夫（Hargreaves）[1]、阿克来（Arkwright，今译阿克赖特）、康卜登（Compton）相继创纺织新机。制布之业，一大革新。炭矿开掘之法，同时改良。铜铁之创造亦然，以应新需。而缫绵新机（cotton gin）之创作随之，是机乃槐累（Whitney，今译惠特尼）之所创于美洲者也。

机械发明之结果，为财富之积累（The accumulation of wealth）。

故十八世纪之末，生计界起一大革命。机械之利用，犹之金矿之无尽藏也。方其初始，英国财富积聚于资本家手中。然拿破仑之战，英国即赖是以得不匮，且赋税之收入，贮蓄银行 Saving bank 之设立，中级社会及劳动社会，受益良多，个人之利，莫大于是。

最蒙机械之利者，为英格鲁撒逊民族，其富亦遂为世界之冠。地球总富，英人擭其三分之一。而据一八八〇（年）之调查，合众国民之富，实贯于地球。因是之故，其人种遂益膨胀，屡战不匮，拓地益远，据极强之海军，有十万万元之国债。今昔财富之比例，其相去不啻霄壤矣。

至十九世纪，而科学之发明极盛，有专书言之，非短篇所能罄。其特质曰：发明纯正科学（Pure science），而改良生计之应用，增进人类之福祉，遂进为机械之大时代（The great age of machinery）矣。

十九世纪发明之最重要者，曰利用蒸汽为运送之机关，而创造铁路汽船；起商界之革命，使新机创造之货物，易于分配流通；且此发明科学之最利用者，尤为电学，若电报、电灯、德律风等等是也。又若火柴、映相之

---

[1] 今译哈格里夫斯（？—1778），英国工人，发明珍妮纺纱机。

术，麻醉、防腐之剂，预止传染之药，科学之应用，亦未始而有涯也。

十九世纪科学之特质，在即天然活动之事物，以发现天然律（The laws of nature）。若夫"力之永存"之律、"分子构造"之律、"生物进化"之律、"细胞胎胚"之律、"传病原子"之律，以人智测天功。前世纪之可以与比者，唯奈端所发现"地球吸力"之律而已。

今方二十世纪之第四年，而科学界重要发明，已有电学界之无线电报及化学界之光 radium（今译镭）。继此以往，蓬蓬益甚。而吾中国守三四千年前祖先发明之庭燎野火，不能光大，何也？不知以"比较""经验""观察""聚积""类别""演绎""归纳"之法讲学故也。《大学》何尝不言格致，而曰格致所以诚意正心。夫心学者，格致中之一事，而非其宗主之所归也。程、朱小儒，眼孔如豆，盛张谬说，谓纲常外无义理、心意外无学问。陆、王之以禅学虚空率天下者，更无论矣。至于今日，君吏昏虐，士庶奸伪，所谓先贤义理之教，心意之学，何丝毫不食其报也？学界昏黯，魔邪塞途，西方以科学强国强种，吾国以无科学亡国亡种。呜呼！科学之兴，其期匪古。及今效西方讲学之法，救祖国陆沉之祸，犹可为也。

（原载于《政法学报》，癸卯年第 3、7、8 期，1903 年 8 月 10 日）

《竞业旬报》序

留沪学子，既集其友朋数百人，为竞业学会，以砥砺道义，崇尚名节，欲以救当世德育之衰缺。复扩张其业，为一白话报，以其会名名之，属君武为之序。

序曰：有小人之忧，有大人之忧，有圣人之忧。小人之忧，以身为界，乃至以家为界；大人之忧，以乡为界，乃至以国为界；圣人之忧，以世为界，乃至以天为界。世之既衰，莫不有慷慨激昂之士出焉。以其群之事，为歌为哭，为生为死，则每为危言激论，以耸动其群。然吾唯夫匠人之造一器者，经数日焉；筑一室者，经数月焉；至通一海峡，启一河涂，则经数年或数十年焉。今言造一国，岂不难哉？吾又唯夫西方政学家言，良政府者，良社会之产儿也。今之志士，辄曰改良政府，无言改良社会者。故有言民族建国者矣，有言君主立宪者矣，持论虽异，天下之士，翕焉归之，而于吾社会之诸恶德，乃盲目无所见。夫求玫瑰之华于荆棘之林，待鸾凤之卵于燕雀之巢，岂不谬哉？今《竞业旬报》以改良社会为宗主，批评其恶德，纠劾其污俗，以为实行改良之先导，可谓知本矣。然吾窃唯吾族之弱点，大端有八：曰熏心利宦，不知廉耻；曰肢体柔弱，不事锻炼；曰轻贱妇人，妇人无社会责任，故缠妇人之足，以为玩物，又有溺女者；曰惑风水卜筮；曰居处污秽，食物奇异（如燕窝、蛙、鼠之类）；曰虚伪无信；曰无高尚之目的，无坚忍之毅力；曰不知义务权利。其他种种，不可胜举。呜呼！以吾民数之众，据地之大，宜可以为世界第一强族矣，而有社会一切恶德以阻害之。夫一国族之大潜力，乃存于其社会之下级。《竞业旬报》以白话演之，使贩夫走卒，皆易闻知，他日之成功，岂可量欤！千九百六年马君武序。

（原载于《竞业旬报》第 2 期，1906 年 11 月 7 日）

学术盛衰与国家治乱之关系

今日为孔子诞日，君武借此机会为诸君一述学术盛衰与国家治乱之关系。

孔子之有造于中国之学术，其功实至伟大；故孔子虽非宗教家，而其势力之所在，则未可加以忽视。由中国之历史上看来，学术盛衰与国家治乱，其间颇有密切之关系。简言之，学术盛则国家必治，学术衰则国家必乱，其关系几如气候之于寒暑表，热则升而冷则降。此种情形正不独中国为然，即推之世界各国，亦莫不如是，不过中国尤其显然者耳。

孔子生当春秋之世，当时学术异常发达，推其原因，则以封建之国，多致意于人才之罗致，因此人才辈出，而学术亦浸浸以盛。而孔子之学术上的势力之所以独能支配于数千年之久者，则又因：

（一）孔子为学甚勤，且又置重于人才之教育，学不厌而教不倦，故孔子之弟子为独盛。

（二）由于孔子政治上之主张，有以促之使然。与孔子先后同时者，有老与墨，然老子对于政治上之主张，实为无政府主义，所谓"天地不仁，以万物为刍狗"，固含有进化论之意味，而"圣人不仁，以百姓为刍狗"云云，实即为老子之无政府主义之表现。故"绝圣弃智"之思想，历见于老子所著之《道德经》中。所谓圣，盖即指君主而言，绝圣云者，亦即表示其无须君主之谓，老子盖纯粹为 Anachism[1] 之主张者也。故其说不为后世君主所喜，自属意中之事。后于孔子而起者为墨子，其政治上之主张则为民主主义。故墨子之《尚贤篇》中，以为唯有贤者可尚而又可举以任事。其说亦不为后世君主所乐闻。而孔子则不然。孔子之政治上的主张，悉表现于《春秋》。《春秋》一书，虽或以断烂朝报[2] 相讥，然苟读公羊与穀梁二传，即不难推见孔子之政治上的主张。孔子之政治上的主张颇属滑稽，何以故？以孔子固主张以天统君、以君统万民也。孔子既主张君主政治，又恐君主之流于暴虐不知自返，因复有以天统君之说。天虽无言，然有灾异之可象，天苟有灾异，即不啻为君主失德之表征。以天之灾异警君主之失德，此种思想，尝见之于《春秋》，故《春秋》多言灾异。易言之，此即孔子所赖以恐吓君主之一种手段。

然此种手段，亦尝行之于数千年之久。苟遇天灾，君主即须内省，大臣即须极陈，凡此种种，亦自有微效可言，故君主信之而不稍替，而孔子亦赖以而独尊。但此种思想，在今日已根本上失其效力，天灾之为何？今人能明其理者甚众，恐吓云乎哉？！然孔子之所以有此伟大的势力而能将数千年之历史以统属于其学术思想之下者，则未尝不有赖于此种思想。

此种思想，直至清末西洋思想输入时而始破，故除宗教家如释迦摩尼、耶稣、穆罕默德而外，能具有此种伟大的势力者，不过为孔子一人而已。然宗教家犹尝赖其宗教上的手段，而孔子则仅有其学术可赖，故苟以宗教家视孔子，前者固逊色多矣。孔子以后，至于西汉，其学术上之倾向，自董仲舒至于王莽，皆不外乎土地的问题，换言之，亦即井田的问题，然自王莽试行失败后，此说即不复为人所提。东汉尊学之风，为历来所未有，其结果遂因以养成末季之一般笃学而有气节之士。所谓党锢传中之人物，不为威势所屈，轻生命如草芥，皆此尊学之风所造成也。所可惜者，党人既见杀于宦

---

[1] Anachism，即无政府主义。

[2] 指陈旧、残缺，没有参考价值的历史记载。

官，一般指导社会主持正义之士，遂随而俱没，而国家社会亦因以堕入于长久混乱之状态，能不谓为我国学术界上之一大损失哉？！

东汉之末，佛教侵入，一般士大夫遂因以缺乏研究学术的精神。迨晋之初，于是有所谓名士派清谈派出，其中虽不乏掌握政权之士，然崇尚清谈，行为放纵，于政治，于学术，皆无贡献。故六朝时王导谓王衍、何晏辈提倡清谈，崇尚名流，作俑之罪，浮于桀纣。因此，士大夫行之于上，众人效之于下，国家陵夷，社会堕落，盖几无学术可言。自六朝至于隋唐，佛学侵入中国，中国学术遂因以发生极大的变迁。但当唐之时，孔学自孔学，佛学自佛学，犹未至于混乱。

而宋时学术则不然，程朱虽致力于孔子之学，有孔学中兴之日，然已加入若干佛学的成分，而非孔学之本来面目矣。朱子曰："至于用力之久，而一旦豁然贯通焉。"此其含有佛学的色彩，已至显然。虽然，孔学至朱子，不过与佛学互相混合而已。而陆王则几完全为佛学之信徒。陆王之流，以为六经皆为我注脚，遂束书不观，专事空谈，其视朱子之尊崇学术格物致知者，相去远矣。朱子虽崇理知，然凡关于格致之学，皆有深切之研究。至王阳明则更日趋于偏狭，以为格物不若格心，孔子之面目，至此殆已全失。其结果遂致明代读书之士，仅知有致良知三字而不知读书；并以为苟知致良知三字，即不难跻于圣贤之域。于此，"满街皆是圣贤"，诚无怪遭清儒之讥！清儒既不满于明儒而生反动，因此，汉学家遂先后辈出，于中国学术界上之考证校订诸方面，立功甚伟。凡前此古书之所以能判其为真为伪，是皆受清儒之赐。其间如王戴诸先生，俱各以最严密之科学的方法而治其学，则尤昭昭在人耳目。

虽然，明之王阳明，清之汉学家，在中国学术史上，固皆有其重要之地位；但其所以不能振兴中国学术于不敝者，则皆由八股文之为阶之厉也。感谓今日中国既深受八股文之遗毒，所谓一切聪明才力之士，亦无不深中其毒而不可拔，则所补救云云，亦徒见其不可而已。此言虽甚有理，然吾人苟有良好之方法，以为挽回之补救，则亦尚未至于完全绝望；如今日之学子，即多有知学术之重要而从事于研究者。但吾人须知今日之中国学术，已非孔子之学术所能代表；盖当明代末叶，西方天主教徒接踵而来中国，西方各种学术遂亦因是而逐渐输入，中西学术之接触，于此已蒙其渐，所谓孔学，自不足以概括中国学术矣。

若就西方之学术言之，如希腊、罗马之学术，其趋向则皆与中国不同，希腊学术以数学、名学 [1] 为基础，而罗马学术则以政治、法律为基础。希腊文化在欧洲上古，号称极盛，罗马文化，则多因袭于是。降及中古，天主教徒禁止各种学术之自由研究，希腊、罗马之学术则尤备受压抑，此历史家所以谓为黑暗时代也。其后文艺复兴，多由于意大利数大学互相研希腊学术之功，辗转至于十八世纪，遂蔚然成为欧洲学术，然其间不过百余年耳。

中国既能吸收佛学，则亦安见不能吸收此百余年间之欧洲学术？故吾谓吾人苟于欧洲学术致力研究，则其能为吾人所吸收，盖亦匪难。诚以学术之盛衰，关于国家之治乱，欲求治国之道，必先借重于学术；世界各国，无不如是，而中国亦然。中国学术苟发达，则凡百方法，自能粲然大备，国家之治，不难翘首而待。非然者，则本先未固，遑论于法？瞻诸中国已往之历史，简册所载，常不乏吸收他人学术之事实，佛学其一也。佛学虽产生于印度，然今日之研究佛学者，不之印度，而之中国，于此可见国人自有研究学术吸收学术之能力，是则为国人所当引以自负者。

欧洲学术自文艺复兴以来，不满二百年，即蔚成体系，其间所经过之时期，盖至短促。国人苟以研究佛学之精神而研究欧洲学术，则其成功之逆料，固不难操券以待。此其故，盖以国人苟具有玄奘移译佛书之精神，从事于欧洲学术之移译，则以数十人之力，不出数十年，彼方学术中之名著，必为我移译殆尽。如是，借他山之石，建设中国学术之基础，兼容并纳，发扬光大，则欧洲学术之吸收与中国新文化之建设，当不难收兼程并进异途同归之功。总之，吾人立国之基础，即在现代之学术；努力研究，努力移译，努

---

[1] 名学：即逻辑学。

力吸收之以成新文化，此则一般青年所不可放弃之责任也。此外，关于中国学术方面如孔子之学术，何者为其所长，何者为其所短，亦当加以研究，取其长而以世界学术补其短，此则吾之所望也。

（原载于《大夏周刊》第 23 期，1925 年 10 月 20 日）

爱护大夏，发达大夏

——在大夏大学师生恳亲会上的演说

今天本校开第四次恳亲会，君武有一番话想对诸君说说。一想我们中国今日的教育情形，所谓大学，有国立的，有私立的。许多国立大学，连省立的也包括在内看来，都因国家十几年内乱的结果，精神萎靡，学风丧狂，每是及不上私立的大学。不过私立大学，依着他们办学的目的，可分三种。第一种是以营业为目的，这种大学，在北京很多，上海也有。第二种含特别的作用，利用学生做器械，所谓学校，不过名称而已。第三种是为发达学术起见，造求人才，以备将来担负中华民国重大责任的！这才能算真正地办大学事业。我们大夏大学的创办，本抱此第三种目的。成立了二年以来，我们所希望的目的，固然不能说已经达到，但在今日的上海，总算是有了这一个学校，是要造求人才，担负中国将来的事业。这种目的，凡今在大夏里办事的人，可说都是向着这个目的进行。

不过大夏大学，还有一种特别不同的情形。这个学校，不是校长或教职员单独发起的，乃厦门大学老教授、老同学共同发起的。所以要师生一起来负爱护学校的责任，尽其能力去做，图谋我们大夏大学发达。君武最初由日本回国，当一九〇五年时，便与上海一个学校发生关系。这个学校，情形也像大夏大学今日一样，乃我初与教育界发生关系的一个学校，就是中国公学，当时在北四川路，占了数间房子的地位，亦为师生共同发起的。以后我曾因事出洋到别国去，至今已阻隔了二十年光景。此二十年中间，平常总以做学生的时期为多。到了前年，又与教育界发生关系，便是这儿大夏大学。当时觉得很为奇怪，本校情形，竟与我从前所在的中国公学相同：无论师生，都认本校为适当的读书机关。因此，将后发达如何，不是一部分人的责任，乃全体师生的责任。我在今日希望教职员、学生，没有分别地都把大夏大学看作自己的学校。本校将后应如何爱护、如何发达，凡与大夏有关系的人，不论师长学生，都应负此责任。这就是君武希望于诸君的一点。

本校成立至今，仅有两年，当然有种种不如意的处所。但一个学校发达，和其他社会事业的发达也同样的——总是当初很为简单。其他不必说，从前君武所在的柏林工业大学，初起的形式，非常不完备，至今已属经过了长久的时间，成为德国一个很有名的教育机关。不但这个学校如此，凡欧美其他各大学，草创时都系很不完全的；经过若干年后，渐与社会一齐发达起来。学校也是社会事业之一，社会要能有秩序而日于发达，学校当可也有进步。未有社会不发达而学校能够单独发达的。今我们处于中国国体变更的时代，时局艰难。自辛亥革命以来，社会中所有的事业，或不能成立，或成立而后复行失败。所以在中国历史上看起来，现在真是最困难的时代。兵祸已延长了十多年，军阀尤无觉悟，致使国民生计一天困苦一天！在这样的时期中间，任何事业，当然都不容易兴办。然而我们要忍耐，无论如何，总要把这已经兴办的教育机关支持下去，因为教育是国家不可少的东西。

现在我们大夏大学以时间关系，发达的程度还浅，加以一切进行，都感困难。不过这是当然的情形，不可免的，我们非可因此志馁，总要努力干去才是法门。我希望大夏永远为一专门研究学术的机关，造求担负国事的人才，图谋中国幸福。所以诸君将来的责任重大，现在处境虽难，总要依照着目的去做。此种目的，不是专属于校长的，亦非专属于教职员的，也不是专属学生的，总之，不是专属于任何个人的，乃本校全体人员都应抱此目的向前去干。我今天来借此机会，再次把我们共同的目的说明。我们对于学校，既有那样目的，大家谁都应来爱护大夏、发达大夏。愿我全体教职员和同学努力，这便是我今天向诸位所要简单说的话。

（原载于《夏声》第 2 期，1926 年 4 月 17 日出版，文章名为编者加）

读书经验自述

——在大夏大学师生恳亲会上的演说

　　君武本与大夏大学没有关系，今日所以变为有关系的，为着同情于诸君的读书运动。我回想从五岁时起，到今四十五岁，四十年中间，大概总是在继续我的读书生活。大夏大学是读书运动的产物，所以竟来与诸君担任大夏大学诸事。但是讲到读书的事，虽为求知识起见，却不能不说读书是读书、知识是知识，二者非可混为一谈。读书的心得，甲有甲的，乙有乙的，丙有丙的，个人经验，都远留在书本子上；所以在读书时，知识上可以发生许多得失。我今在这回恳亲会里，就把我读书所经历的得失随便说说。

　　我在十九岁以前所读的书，大部分为中国书籍；十九岁以后读的，大都系外国书籍。读书须有方法，否则难收好的结果。读中国古书的方法，应先做一番整理的功夫，读起来可以便当许多，易收效果。昨天请来演讲的康南海先生，对于读书，确曾费过一番整理的心血，把古书今文家古文家的真假，诚能辨得清清楚楚。戊戌政变以前，他由广东到广西来讲学，我还够不上听讲！我对于科举八股素无性味，然那辰光所读的书，总不外唐宋八大家文钞，以及桐城派的古文而已，全不知读书的方法。所以到了二十多岁，还未真能做得文章。自此而后，康先生教了我读中国古书的方法，我就依着方法读书。康先生在中国维新史上，真可算得很有位置，我受了他指教而后，就感悟到我们死读书而无知识是不行的！

当时国内所谓科学，是指数学而言。我在十七岁、十八岁二年中间，从"加减乘除"起读到微积分；可是自己觉得仍属不行，弄到一部化学书，不能看懂！因而就想去读外国文。然而母亲三十岁起就守寡，家里贫苦得很，哪里有钱供我去出外读书。后来借到三十块钱，得到香港读书。平常卖文章过活，有时吃两个香蕉过一天，有时吃了两块饼也过一天，还有时候，吃着一碗粥也过一天。如此混了一两年，读的外国文不过是文法读本之类。旋自回到广西，有一个朋友叫我到广西中学里教英文，真是笑话，谅我自己英文程度很浅，何能胜任！因而辞掉，在晚上授点英文识字课程以为谋生之计，日间仍自从事研究。

我回广西不久，又向人借了四十块钱，动身到香港转乘轮船赴日本读书。日本东京那儿天气，要比香港冷得许多，到时正在十月底光景，身上只穿着单薄的洋服，又没有别的衣服携带，当时实在冷得要命！我在这个辰光，对于生活，随便苟且，实只想读书、不知有生活就是了。时有一个朋友，介绍我和孙中山先生相认识，先生问我到日本来干的事情，我亦唯有以读书相对。当时我还不很懂得日本文，就胡乱翻译日本书，寄给上海书店里出版。此外，我常作文投给《新民丛报》，很蒙梁任公先生看起。因此，常事卖文度日，积得点钱进帝国大学。当时帝国大学，一学期只收四块日本洋钱的学费，宿费每月一元，膳费每月四元半。我每月卖文章可以收入十元光景，生活费去五元半而外，尚余几个钱买点书看看。

我在日本进了帝国大学以后，过了几年回国，又到英国、德国去读了十多年书。前后所读的书，哲学也有，化学也有，冶金学也有，土木学也有，实在就是乱学一泡子，学到现在，觉得吃了大亏！我要是一向学定一样东西，到今或有一二成就；四十年来，学东学西，变成一个大杂货店，实际上一无所成，什么东西都不明白，杂而不精，便是我生来读书失败之点。我生平受了这种教训，现在希望诸君读书的目的不可多，要以专心读一门学问的好。目的多了，可以结果弄得什么学问都不懂的。

我读中国书籍还得到一个教训。在十九岁时读过一部中国书，受到许多益处，就是宋明诸儒语录。这部书曾经启发我知识的处所很多，给我一生读书的影响不浅！我以为这本书是研究我国学问的宝丹。孔子的学问范围广大，给宋明诸儒缩小着范围讲究，也有其专深的长处可取。这是我在几十年以前受益的一部书，今天顺便介绍给各位去读。

再者，我们读书，对于身体的事，也应保重。我进学校已有数十年，看见一般不喜运动的同学，愈用功则死得愈快！并且一定是死！我在日本读书的时候本是腰驼背曲着的，眼睛也看不明亮；以后时常自己当心，到现在可算恢复健康。方才傅先生（式说）说大家别要辜负我校里很大的运动场，实在就是别辜负我们身体！要知道企谋身体健康，乃我们生活最要紧的事情，锻炼身体固有什么德国式、法国式的体操，但在我们中国自己家里也有软硬的拳法，所谓太极拳等，我想实不亚于外国操法。诸君对于此种体育的事，切不可有疏忽。不运动而死用功，要害肺病的！肺病到了第二期，生命便是无可救药了！愿诸君好自勉励。

（原载于《夏声》第 2 期，1926 年 4 月 17 日）

广西大学之使命
——就广西大学校长之演说词

我们多年期望的广西大学，今日告成立了。

我们应先向黄主席及政府各委员感谢，因为他们发起创办这个大学，（民国）十六年度预算几将全省收入拨了二十分之一为筹办费，所以广西大学才能得今日之成功。次应向中央及广东各代表感谢，因为他们远道前来指导我们如何努力前进。又须感谢中外各团体前来参加，使我们格外光荣。

全省父老希望的广西大学，今日是已实现了。今日又值国庆纪念日，大学在今天开幕，真是喜事重重了。但办大学不是要来装面目的，乃是要应广西所需求的，今虽先设备四科，后来因时势需要，仍可陆续增加的。

我们广西地广人稀，对于农业必须要改良，要改良农业，必须农业的人才全体动员。动员二字之意义是诸君知道的，凡是征兵国家，遇有军事，下令叫常备兵出动，这叫做动员。但现在农业的人才究在何处，虽要动员，亦不能够，所以就要先设农科，其余矿科工科理科，都是一样。有了各科的人才，才可以全部动员。今虽先设四科，并不是以此为限，庄子说其作始也简，其将毕也钜，今日开始虽是甚简，但经过长久时间以后，广西大学必可非常发达的。从前君武在德国柏林工科大学留学甚久，知道他起初不过是一间工业专门学校，规模甚小，现在已成了世界上数一数二的有名大学。德国的是如此，其他各国大学亦多是如此。现在我们广西大学成立虽比欧美的迟缓百年以至数百年，比各省的亦较迟，但能努力做去，便可成世界有名的教育机关。

方才政府训示六个大纲，想学生们都已听得很清楚，但我希望学生用脑之外，兼要用手，不要专注重思想，还要注重工作，不但能坐而言，并且能起而行，把这个大学作实行研究学术之集中点，将学术来帮助本省各种建设事业之解决与进行。瑞士、比利时两国地方比我们二三府还小，但他们民众皆要求有高等教育的大学，以为有中小学校而无大学，教育不算完全，所以他地方虽小，已有十几间大学，可见他人民对教育的热望。蒙市长刚才说过，从前广西政府不知教育为何物，今政府因数年以来既力谋中小学校之发达，所以就要兴办大学，这是全省人民很满足的。

从前青年要想求学，便须跋涉远方，多费钱财，但多数无甚结果。记得君武十八岁的时候，广西只有学堂一间，就是体用学堂：内分两科，一中学，专教策论；一西学，专教算学。君武当时在西学班，所以早也是算学，晚也是算学，一年工夫已将中国所有翻译出来的算学书学完了。我去问先生尚有何书可学。先生云，我所学的已经教汝学完了，已无可再教了。

我因想想这是不得了的，就想到上海、香港及国外去求学。那时我家只有母亲，我去求学，母亲亦要同去，于是向亲友借了几元钱搭船启程，一夜湾泊在一村落地方，看见灯明犬吠，秋风很凉，我心中因想身边只有几元钱，够得什么用，到底往哪里去好，因此起了感触，做了一首诗，今读与大家听听：

> 两岸西风扑扑吹，远村群犬吠声悲。
>
> 夜深短艇思往事，茫茫前路我何之。

这是当时求学困难的情形。现在好了，广西大学设在梧州，不必远劳跋涉，诸君的年纪大约也是多在十七八之间，如要求学，可不必像我从前那样辛苦了。

刻下国内有名的教授都肯来帮忙，广西学生如要向进步方面走，二三年级完后便入本科。与三十年以前比较大不相同，学生们年纪很轻，初初离开家庭，或感不便，但要知道学校就是青年的第二家庭，我们要将广西大学化为家庭一样，因为诸生的父老很信赖我们，将子弟托负我们，我们对于学生就要如自己亲爱的子弟一样。

近年学校的弊端，在讲堂上点点头，画画黑板，师生多不相识，教的功课，讲过了一次，不管学生们懂与不懂，便算了事。这是我们要矫正的。讲堂功课之外，他们自修的时候，我们还要教他看何种参考的书，他们不懂的，我们亲切地去指点他，这就是所谓道尔顿制度，我们应当参用的。

我尚有一层意思要向学生郑重声明的，就是入学读书，求知识固是本分，但是尤要郑重的是人格修养，必须素来对朋友忠实，然后将来对社会对国家方能忠实。现在富有知识之人，往往敢于卖国，敢于欺民，就是素来无道德修养所致。其次应当注意于身体的锻炼，必须有强健的身体，然后能载强健的精神。今日乃国庆日，又是广西大学成立日，但又是孔子生日，我今引孔子两句话来互相勉励，并以纪念孔子。孔子说诲人不倦，这是我们教职员应当共勉的；孔子又说好学不厌，这是我们与全体学生应当共勉的。

（原载于《新广西》1928 年第 2 卷第 20 号）

广西是不是需要高等教育

——9月15日在广西大学恢复举行开学典礼上的演讲

省政府代表、各位来宾、各教职员暨各同学:

今天是我们广西大学恢复后行开学典礼的一天。广西大学自(民国)十六年起开始筹备,经过一年之后,至十七年十月十日才开学,到了十八年六月,两广发生战事,广西大学因之停办。到了今年五月,我和盘副校长[1]接到省政府的来电,促我们同来恢复广西大学,当时就是今天参加典礼的省政府代表黄子敬先生主持广西教育,而且黄先生是当时提议恢复西大之一位,要我们回来也是黄先生的主张,今天有黄先生来参加我们的开学典礼,我们实在很荣幸!

本校自恢复以后,中间发生了小小波折,就是广西省政府八月十八日议决停办西大,这次波折的内情很复杂,我们不必追究。不过当时我们本可以就此不管,但以政府的威信和个人信用关系,不能中止,而且全省父老都希望我们继续办下去,若是我们丢手,我们个人是很便当,而且很愿意,但我们却很对不起本省的父老和本省的青年,所以我们向政府疏通,由我亲自赴南宁接洽。九月二号,省政府开谈话会时要我去报告,我报告了之后,他们

---

[1] 指盘珠祁,广西容县人,美国威斯康星大学农学院硕士,国民党政府广西建设厅厅长,1928年广西大学成立时任副校长。

讨论结果还是准广西大学继续办下去。

现在办下去是不成问题了，至于那些反对广西大学继续开办的所持的理由有以下几点：

第一，他们说：因为广西不需要高等教育，只需中等教育和初等教育；又说：高等教育是贵族教育。现在我们要问：设若没有好高等教育，那有好中等教育？所以我们以为，要中等教育好固然是对的，同时也要好高等教育。我们怎么知道高等教育就是贵族教育呢？若以学问为标准，则欧洲在六百多年以前已有了大学，他们未曾因为打倒贵族而把一些大学一一停办。我们广西一千二百万人，以后永远不要高等教育吗？孙总理说："革命的基础，在高深的学问。"所以我认为发这种言论的人，简直是违反孙总理遗教。若设以收费多寡而论，高等教育是贵族教育的标准，那么，我们广西大学现在所收之费用，比外省中小学所收之费还少。所以这种话，我们也不能承认，而且这种理由都不足驳。又有人说：梧州交通很发达，到各处都很方便，学生到各处公私立大学，如广东中山大学，到北京上海各私立大学，只一水之便，所以广西大学可以不必继续开办。现在我们试看瑞士、比利时：瑞士之大，不过像广西省的一府，而竟有十几个大学；比利时还没有广西一府大，不过有广西省中一二县大，亦有十几个大学。再我们看日本全国之大，也不过比广西省略略大些，现在日本除九个国立大学之外，私立大学不计其数。最近在大阪又设了一个大学，大阪离西京，设坐火车不过一小时的路程，这么一来，那一般反对西大者又不可解了。所以我们广西一千二百万人，不能承认梧州不要设立大学，而且我们广西亦非设立一个大学不可。现在我们就上海一般的大学学生的籍贯的统计来看，第一是江苏，第二是浙江，第三是广东，第四就是广西。这上海一般的大学能令我们满意吗？我们决不能满意。现在上海一般大学，哪一个不商业化？正像人寿保险公司，只要学生有钱缴学费，到了相当年级，总可以给他一张毕业文凭。这样商业化的教育，我们能满意吗？所以我们要反其道而行，来继续办理广西大学。

当初我们办西大的宗旨，完全是要培养实用人才，不像上海一般大学出来的一般毕业生，拿着一张文凭找这个找那个去谋事，我们的宗旨是要大学的毕业的学生，自己能另寻一条路去发展。所以，我们广西大学提倡生产教育、劳工教育。换一句话说，西大学生一方面要读书，一方面要努力工作，将来毕业以后，不要拿着一张文凭去求人。现在有些做父兄的送学生到学校里去读书，而结果养成了一般大少爷。譬如我在上海有一个邻居，本身很勤苦，家里有田约百亩，将他的一个儿子送到宝山师范去读书，毕业后．结果学得穿长衫、食鸦片，永远不到田里去。本来师范毕业后可以教书，可是没有人敢来请他，结果现在在家里吃大烟抱小孩。我看见了这种情形，觉得很可怕，广西的学生十有九来自田间，绝不要把他们养成一些洋秀才大少爷。所以本校的学生，每星期要有几小时的工作。到了本科分系以后，农工等科的学生的工作时间更要多些，最大的宗旨是要养成一般回去做工的，不是养成回去做大少爷的。本校除各种学校应有的体育设备以外，还加"锄头运动"，我们并要广西大家都要有"锄头运动"。因为这样，所以我们提倡劳工教育，以尽一部分的生产责任。

还有几点要各学生注意的：今年只设理科，学生不要以为将来到学校去教书就算了，理科是各科的根本，所以先开办，将来本科分系以后，各生可以选工农或矿系为副系。再有一点，就是西大的学风：（民国）十八年注册的学生今天很少到，当时的学风，各生也许不知道。西大（民国）十八年的学风，第一是师生共同生活，一般的教授好像是学生的家长，学生好像是先生的子弟，所以希望各位先生于下课之后，还须照拂学生，不要像上海大学里的先生和学生一样，上课的时候才见面，下课以后各不管，学生找不着先生，先生不见学生。并且希望先生们注意学生的行动和学问，先生有暇就去指导学生。广西学生程度之差是不可讳言的，比各处都坏。在这预科三年之中，各生应设法补救补救，尤其是国文！没有哪一国人民不是先将国文弄通顺的，国文通后方才谈得上其他的科学。第二是（民国）十八年的学生都是很用功的，到了自修时间均在自修室内自修，绝没有过梧州去玩耍的。希望新来的学生，把以前的学风继续下去，凡自己觉得以前的程度不行之处，应力求补救，不要过梧州去玩耍，如看影戏、上茶馆等等。至于我个人，今年已五十余岁，其他一切我都不愿过问，把西大弄好，就是我这一生的事业，所以我总想法使西大稳定发展，西大根基何日稳定，我即何日告退。我希望新来的学生，自己要爱惜自己，要勉励自己，要努力把西大弄成国内有名的大学，我们才可以对得着广西全省的父老。

（此演讲作于 1931 年，原载于 1934 年 7 月出版的《马君武先生演讲集》）

要养成做工的习惯

——5 月 9 日在广西大学纪念周上的演讲

今天趁着这次纪念周的集会，来了结上期给奖的事端。按从前学校颁发奖学的条规，学期试验成绩优良的，分二等的奖励：甲等免学宿费，乙等免学费。但此次考试的成绩到八十分以上的很多，所以只好依普通的办法，成绩稍次的发给褒奖状以示勉励，还有做工成绩优良的也分三等给奖，甲等免学费，乙等送奖品，丙等发褒奖状。本来就应该早一点发给，因为事忙所以便延耽下来。

我今天有一件事要向学生郑重劝告的，就是上星期做工的停止：大家要明白，我们办西大的目的在造成农工的领袖，所以学校规定每周要各位拿锄头实地地去做工。现在各位对于做工的进行非常的萎靡，上星期居然上了一刻钟便停止，最大的理由就是天气很热。

的的确确，现在的天气酷热，我也承认，但是我们可以设法改变，将时间减少或换阴凉处所做工也未尝不是一种办法，总不应该不做工的。而且西大六百余同学中，大多数的家里都是务农的，自己的父母兄弟姊妹都是做工的，现在正届农忙时期，初禾下种，恐怕还要整天地在田间勤苦地工作。倘使此刻各位在家里，也许有时要去帮帮忙，现在到了广西大学来，天气热了便不做工。如果本省的农民都这样地效法起来，大家也不做工，谁再去耕犁田地？这样下去，看来不到两旬良田也将荒芜，广西便非陷于饥馑不可！

而且我们在南方热的时间很长，一年之中最少就有六个月，一切农作都是在这个时候耕犁、下种、栽植、收割的，如果你们将来毕了业后把"天热不做工"当格言拿到乡下去，诸君试想这行不行呢？

现在才是初夏，华氏表不过八十四度便不做工，以后更热到了九十几度或者一百度的时候，那么怎样办呢？大家在西大不做工，便不能够学得"刻苦耐劳"的习惯；这七年中要学会了那些不适用的学问吗？跑街、穿洋服、跳舞……这样一来，令社会上一般爱护西大的人也要发生不好的感想了。普通农家不愿送子弟入学，怕的是他们进了学校反不能为家务效一点力。子弟入了学也以为自己是学生，仿佛学生是一个特殊的阶级，他们在社会上可以不做工。这一种观念，使得有识见的人听到，觉得中国前途无限的悲观！

试看一看各地一批一批大学毕业归来的学生，他们领了阔佬的一封介绍信，到热闹的省会去拜谒主席先生，"给我政治工作干"，或者是在财政厅长之前，"代我想想办法"，再不然见教育厅长去"安插我呀"！回到田里工作，便没有一个是甘愿的！然而毕业的一天天继续地增多，有限的位置便没办法应付了；目前南京、广州等处就是这种情形。

但是各位毕业是要回家做工的，我们做工的目的以前曾经讲过，就是把全省的铁路建筑起来、全省的荒山垦殖起来。大家赞成这个宗旨就得训练一下自己，假使现在都怕动手，将来比较重大的工作，自然绝对不能办到了。今日有效的教育是大脑和两手并用的，也只有这样才能够训练诸君成为农民的领导者、工程的建设者。如果大家不做工，就要养成大少爷的习气，各位的家里花了几千元供给你们大学毕业，断不是希望诸君卒业以后回家去做一个大少爷，大家应好好地体会这一个意思。

外界的人士对西大的批评，都觉得好满意，也正是因为各位能够辛勤刻苦地干那实际的工作。他们认为这样很有希望，深信你们将来很可以为社会做一番事业，所以非常地表示同情和赞美。假如像上星期那样，华氏表八十四度的天气便取消了做工，那么非但我觉得失望，社会上许多的人也同样地失望，所以大家无论如何，应该勉励自己今后好好地继续下去。

关于工程方面的工作，大家应和苏鉴轩、张轶凡两位先生酌量，要怎样做便照着做去。今后如常进行，大家不要偷懒，这门功课确确实实比其他学科重要，做工没有成绩也是万万不能毕业和转学的。如果诸位想要转学或毕业证书，那么必需补足日前所缺的做工功课才行。大家试想，现在学校所规定的都不能见诸实践，其他的一切要务又何尝不可以迁就、萎靡、迟钝呢？像这样下去，西大的前途还有什么希望之可言！

除此以外，还有几句附带的话，本校考取送英学习飞机机械的同学，大概出国的时间总在暑假期中，这个学期仍须结束，希望大家安心照常努力工作，准备考试。还有一点要声明的，就是看到前星期六晚国语演说比赛会的时候，尚没有闭会，有的同学便先走了。依照会场的规则，在主席未宣布散会以前，无论如何不可以离开会场，如果有要事想暂行退席，亦须得主席的允准。这是集会结社的普通常识，大家不应该忽略的，现在时间无多，此刻就颁发上期的奖品……如今奖品已发给完竣，再简单地对诸君郑重说一遍：希望大家以后无论是对于学科、做工，都要同样地格外努力一点！

（原载于《广西大学周刊》第 2 卷第 9 期，1932 年 5 月 20 日出版）

做工和人格的修养

——5月16日在广西大学纪念周上的演讲

今天有两点意思要对诸君报告。

第一，关于做工方面：在西大创办的时候，大家有一个希望，想用各位的力量建设西大。我们看到广东的岭南的的确确很庄严、富丽、整齐的，但是他们的工作完全是建筑在学生的捐款上。反观西大是刻苦经营的，各位也不及他们一样富裕，而且多是农家子弟。所以我们想用各位的手脚和气力弄好西大！到现在看来，才觉得这是近乎奢望了！但是无论如何，做工一科是不应废止的，因做工有下面两个基本的意义：

（一）养成新观念。现在一般人们的头脑深中旧社会遗毒的熏染，素来蔑视做工，认做工为"卑鄙下贱"的事业，读书人是极高尚的，可以不要做工的，以为智识阶级去做工是"羞耻"。历来遗传下来这种观念实在是错误，我们提倡做工，是想把旧日轻视做工的思想打破，养成新的喜做工的观念，大家须知道"做工是光荣"的。学校给奖，正是这点意思。

（二）提倡新运动。"做工"可以说是"锄头运动"，向来没有人注意过，在中国似乎很新的，但是实在说起来，宋王安石施行新法的时候，便规定人民为国家服役。最近的日本，不做工不事生产的就不能生活。远在欧陆的德意志，自欧战失败以后为列强威迫废除兵制，但是日耳曼民族图谋复兴起见，一面扩充警察，一面积极提倡义务做工，借以保存国家实力。今日积弱的中国注重玩球是不大适宜的，我们的国家不如欧美的，大家最好是努力"锄头运动"，以养成"刻苦耐劳实际做工"的精神、健全的体魄和团体的进行。

第二，关于人格的修养。一个人不仅是要有好的体格、高深的新学问，还要养成优良的道德性，才能为社会做多少的事。汉时的周勃所以能兴汉室，因为他具着深厚特重的性格。各位将来出到社会服务，这种仁厚的气度格外重要的。在学校没有养好仁厚的德性，在社会必然的是"斗争"掠夺、祸害社会的。以前曾经说过，希望大家今后对待师长要"尊敬"，对待同学要"亲爱"，不应有嘲笑、轻浮、刻薄的态度。很不幸的，最近在教室的黑板上发现有讪笑女同学的歪诗，笑同学便无异（于）笑自己，现在同学便是将来做事的同伴。"朋友有过相规"才是互相敬爱的表现。不应该有这样轻薄的举动，这位写诗的同学不过想借此取快一时，实际上便有损自己深厚的德性。各位在这个时候应修养自己的良好品格，同学要"互相敬爱"，刻薄的举动希望西大今后不会再有。

（原载于《广西大学周刊》第 2 卷第 9 期，1932 年 5 月 20 日出版，标题为编者加）

西大的最新规划

——11 月 4 日在广西大学纪念周上的演讲

趁今天这个机会，与诸君谈谈本校最近规划的大概情形：上期本校仅仅有理学院，近今才添设农工两学院，大学的规模这才算是粗粗具备。关于理科方面，现在学校所有的理化仪器总计起来，约可值毫洋四十万元，原来于（民国）十七年采办十二万大洋现在金价加倍，以毫洋计算已过毫洋三十万元。新近购置已运回学校的物理仪器和将运到的测量仪器约值洋七万余元。物理化学的仪器总算完备了。关于生物方面的仪器，经同费鸿年先生商妥，拟以三万元继续采购，这样，理科的设备很可以供给教授领导学生好好地去做研究了。至于工业化学，暂附在普通化学科内，待第三学年就可以增设完备。又科学馆在明年亦可建筑完竣。

至农科方面，现在正积极地经营农林场：农场地址选定硫酸厂后面一带田亩，现已着手进行一切；林场在对河高旺村的白狗洲和铁岭洲两座山，已测量完竣，并设有办事处，日内即可开辟，相信在年中可以弄成雏形。工科方面有许多说话为诸君告：工科目前所急需的是测量仪器，大概两个礼拜以后，该仪器就可以运到学校。但是工科最重要的科目为机械工程，现代文明差不外可以说是机械文明，一切用机器生产。这种文明是由两种重要的发明所造成功的，其一就是大家熟知的一七六八年瓦特（James Watt）发明蒸汽机关，从此以后就有工厂和机械事业。其一是十九世纪德人 Otto 发明之摩打（Motor），这样世界才有汽车与飞机的制造。因此要办工学院而没有机械工程科，是万万不行的。

现在我们计划要建设一间规模不大、设备完全的工厂。兴办工厂的工程师，这次我赴粤已聘就多年相识、经验极富的一个人来负责，所以我觉得很适当与满意，因为建设工厂的工程师理论很好还是不够的，仍不免有错误与浪费的，如不能购得价廉而耐用的材料。本校拟设工厂的规模，计划可以容五十人同时实习，如机械科学生多时，假定为六十人，可以分成两组轮流练习，这样大概总可以应用了。省内除柳州有一间略为完备的机械厂外，交通比较便利、商务也发达的梧州一间也没有，说来真须惭愧！我们将来设立的工厂兼附有铸铁工与木工，至少可以修理机器及装造本省亟须的抽水机和榨油机器。

我们试遍观今日国内大学情形，从南到北，愈北愈糟！北方大学所积欠薪总在半年以上，将现在学校所有经费发清教职员薪俸，尚虞不足！到中部来，南京上海一带大学亦积欠三月以上；再从预算看，各大学的教职员薪俸几乎占学校经费百分之九十四以上，是这样说来，还有几成，可以干得什么？我们学校很景气，就经常费来讲，教员薪金不到百分之五十；如果将临时费一并算起来，不到百分之二十；在国内各大学闹薪忙、维持现状且不暇的时候，我校居然有许多的经费去努力建设，那么学校前途的发展，不是很可以抱乐观的吗？

（原载于《广西大学周刊》第3卷第10期，1932年11月27日出版，有删节，标题为编者加）

柏林大学立校的真精神

——12 月 26 日在广西大学纪念周上的演讲

今年暑期欧游，我曾到德国的柏林大学参观。在该校内，看到建树有一个壮烈的纪念碑，立碑的意义是为着纪念欧战（1914—1918）时，该校为国殉难的教员和学生。他们在碑上刻着几个字就是："无战败者，战败，将来战胜。"试念念，多么简单了当、含蓄不露的语气，这便是德人品格的表现！由这一点，因此令我联想到这间大学立校的真精神！

柏林大学是在一八○九年开始成立，德国大学开办的历史上这还是很短的一间。当成立的时候，拿破仑的军队攻到了柏林，正是普鲁士的山河已呈破碎，所以这间大学的产生，是寓意着德意志建国和普鲁士的复兴！

在一八○七年耶纳（Jena）之战，普军因为号令不齐，结果败北，普皇威廉第二当时想想没办法，只好罢兵媾和。于是普军为法限制，常备兵额不得超过四万二千人。同时大家知道，拿破仑是专制的魔王，他所到的地方另行宣布自己的法律，就是他个人的意旨，甚至普国的司法人员都时时横遭干涉。因此，当时的普鲁士已经是"国已不国"，军备解除，法律毁灭，人民没有"复兴"的中心思想，国内有识的人觉悟到唯有在"教育"上谋出路，才是图谋亡羊补牢的方策，于是柏林大学就在这个风狂雨骤、奄奄一息的当儿建设了起来！

该校第一任校长为菲希德（Fichte，今译费希特），是一位近代哲学家，与唯心派有名的哲学者康德同时，幼时家计穷困，在田间为人牧鹅，但是记忆力好，志趣非凡。有一次星期日到教堂听道，一个地主因事来迟，便询问这位牧鹅儿："适才牧师说些什么？"菲氏从头至尾复诵无余，地主大大惊奇，便养他做义儿，给资读书。他便学习哲学．后来做耶纳大学教授［这间学校当日不属于普鲁士，是德国联邦之丢林根（Turinge）邦所设］。他高唱无神论，否认上帝存在，所以大遭基督教徒反对，曾为政府罢免教授职务，但不久又做爱朗格大学教授。不一年，普国为法军侵袭，形于沦亡，菲氏于是建议成立柏林大学，同时被选为第一任校长：由这点，可见德人尊崇学者的程度！

拿破仑还在柏林的时候，书商巴尔姆（Palm）印行《野蛮的战胜者》一书，但是没有署下著作者的姓名。这书很明显是咒骂法人的，于是给法军事当局勒令巴氏将著书者说出，巴氏坚决拒绝，结果惨遭枪毙。正在这个严重的关头，菲氏就举行公开演讲，说一篇与普鲁士复兴极有关系的《对德意志国民讲》（*Die Reden An Deutshe Nation*）之演说辞。这编演说辞凡十四讲，原文很长很长，现在德国稍受过教育的，多是诵读过。在百余年前德国的景况正与我国今日的实情遥相类似，但是德人居然以教育方法为复兴的工具，泰然行之而生效，所以我很愿在今天把菲氏演讲辞说个大概。

他说："大家应该觉悟，德意志之所以有今日，国破家亡，决不止于一二个人的罪过，我们大家都要负责。""我们要能疗治我们的病状，我们先要了然我们的病源，我们根深蒂固的病源就是自私自利。"这一席话，正与我国情况相同。自民国成立以来，一般执政的都是"一丘之貉"。袁世凯来，利用现有的势力做皇帝梦；到北洋派，以优越的地位来抓钱，图一己的享受，一个督军、省长动辄搜刮几千万几百万；蒋介石、宋子文来了，作恶手段更高明，终日斤斤于功名利禄的获得与保全，而忘却自己的职责所在！甚至汪精卫亦只是"只知道革命，不知道亡国"，竟然全不计较"国亡以后，命将何革"？所以现在中国的国情和一百二十三年前的德国"个人但自私自利不顾国家存亡"是非常类似的。所以菲氏又告德意志的国民："欲医治国家的疾病，只有施行新教育；施行新教育，目的在培养国民纯洁的意志，以造成坚贞强固刚正的品格，形成社会的新秩序。"我们国中亦天天言教育，然而从内容上观察和结果所表现的，是否找得出"真精神"来？没有。至于整日地读外国书籍，一天到晚物理、化学、英文……手不释卷，是教育的真精神所在吗？不是，这些都非我们实施教育的最上目标。菲氏接着又说："欲解除我们的痛苦于深渊，非告诸君外界将有以助吾人，乃是要你们明了今日我们所处的地位、我们所具的实力、我们今后将以何策而得自救。""新教育要培成完美的个人使组成共同的全体，彼此具同一的感觉，共同负起唯一的责任。"所以在德国，当时真正的教育宗旨在养成人民坚强的善意识，去除自私自利的心地以作行为的标准；尤其要养成健全不拔的真精神，对祖国具有热忱，对朋友表现信心，不妨牺牲一己，以谋民族国家的福利，对国民应有"真"和"爱"，并且本着这一点精神，结合为公共团体，共同负起责任，以尽国民的义务。

这种工作，他们就是从一间大学做起，大家先洗除历来的污点与不洁怀念，表现他们纯净高尚的精神——"真"和"爱"，以大学做基础，从事提倡，把这种真精神极力讲求普遍化，推广到整个民族间，于是在四方八面敌人环伺的德国，居然行之而有效，只要有一两位学问家出而倡导，很快地就鼓舞起其国民爱国热情和牺牲精神；遇战时，就不惜舍身为国；在平日，就能拼命于学术上的努力，以准备着实力。果然不错，一八〇九年柏林大学才成立，到一八一三年，英普联军即大败法国的拿破仑，以雪过去"战败"的耻辱，真正是"无战败者"！

同时，菲氏还处处表新德国说："只有德国民族语言是活的，他如条顿族的语言根株已经腐朽。""一民族唯有用活的语言，精神文化才可以生活裕如；要不然，将变成背道而驰。"他赞美德国的语言最纯洁，不像英法等国的采用拉丁的，互相掺合，失其本身形态；德国语言是有生命的、活动的，可以做诗，可以成歌，可以表达完备的思想。所以，"要善用我们的语言，来挥发我们民族真正的精神"！

在如许严重之下，菲氏毫无所惧，视拿破仑的军队如无物。法军时加威吓："你怕不怕巴尔姆前车可鉴！"菲氏答言："我很愿意死，这样使我们的子孙知道他的祖宗所以致死的原因，为国家而死正是我家族无限的荣幸！"所以，他依然置之度外，继续演讲。一八一三年战役，菲氏复自请随军演讲，政府不允。其夫人得准为看护，料理病兵，后得传染病，菲氏亦因此而死。所以他虽不得战死疆场，然亦与阵亡将士相去不远了！

在菲氏壮烈演讲以后，普国陆军大臣梭伦侯司特（Schornhost）见四万二千军队难以应战，于是想出个方法，就是实行征兵制，将兵训练一两年以后使之退伍，再行招募。这样兵制采行以后，欧美各国后来都模仿起来；但是推本穷源，还是以德国兵制改革最先。当时并且解放农奴，普及教育，一八一七年复施行强迫教育，凡男女到八岁必行强迫教育；积极刷新，鼓吹所谓"新教育"，养成国民的"爱国"心。菲氏并以为如此干去，使人民具着这种精神，那么二十五年后必可使普鲁士获得复兴的机会。但是成功快得很，四年后已经很可观了。后来再过六十一年（1870 年）更大败法军，遂建立德意志联邦国，普鲁士的复兴于是大功告成！

回想起来这种历史的事迹，正与我们今日的中华民族情形遥相影映，我们民族如要复兴，便要照菲希德的话去做，养成真和爱祖国的新精神，屏绝自私自利的心，那么不难想到我们应走的前路！

（此演讲作于 1932 年，原载于 1934 年 7 月出版的《马君武先生演讲集》）

自新与自强

——在元旦及广西大学第一届学校运动会开幕式上的演讲

今天是民国成立二十二年的第一天，同时又是本校第一届运动会开幕典礼的举行。每届新年元旦，照例应庆祝的。但是，自"九一八"事件以后，我们国家的生命刻刻都在急难危亡；那么，处在这样一种千钧一发地位的我们，谁不感觉哀痛，所以在这时候，似乎没有什么值得我们庆贺；唯有这个崭新的年头来临，可促大家益励奋勉而已！

我们不是常常走过大学门，往来看上面写着的"大学之道"和"致知格物""明德新民"一类话；这些话是从《大学》里来的，由此足以洞见古代先哲"求新"的精神，所以才这样说。我们想要"新民"，便先要自己"格心"，然后才谈得到国家的真正"革新"；要明国家的"革新"！在一个国家，在一个国家以内的人民，应具有一种新的精神，是这样，然后才可以立国。但是，要国家有这种新精神，就先得人民都成一个"新民"，这便是古哲"修己正人"的真义！古代哲人他们努力"求新"的意思是从自新之日起，把从前的过失与错误一洗无余，成就了一个"新民"；我们就从这个元旦起，"以前种种譬如昨日死，今后种种譬如今日生"，大家向好的方向前进，抱着古书所谓"苟日新，日日新，又日新"的精神，求进不已！

确然不错，除污去秽是"自新"的路；很奇怪，人们照例地每天早晚都要洗面浴身，对于体外的除垢何其勤；至于自己心灵上的积污，就毫不介意！

我们国家的生命，所以弄到今天朝不保夕的惨况，根本上，就是中毒已深入膏肓。我们应该从大好的新年元旦起，以"自新"的精神不惜刮骨就医，将病菌病源摒除干净，大家都成为精诚纯洁的"民"，那么才能"自强"。是这样，今后我们垂危待毙、奄奄一息的国家前途，才有起色的希望！

今天这个会不单是纪念元旦，而且同时是本校第一届运动会的开幕。体育是一切教育的基本，也是自强的一途，对于人生是非常关切的。在欧美认体育是一种"君子教育"，英文所谓 Gentleamane。因为在运动的时候，彼此都要有一种"君子之风"（Gentleamn–Ship），作有规则的竞争，服从正确之裁判，借以养成守法、礼让的精神。假使在互相角逐的时候，如果以非法获得胜利，这是耻辱，决非君子所取。近来关于运动一项，在我国也就极力提倡；但是流弊所及，竟成所谓"锦标赛"，运动的目的，注力于锦标的获得，完全忘却体育的真义。一般青年更认为这是时髦，趋之若鹜，而不知运动的目的，除了练成健康身体以外，还寓有养成守法和礼让的精神呢！

（此演讲作于 1933 年，原载于 1934 年 7 月出版的《马君武先生演讲集》）

从西大的特质说到自治会组织的意义

——4 月 26 日在广西大学学生自治会成立大会上的演讲

今天是本校学生自治会开会员大会的一天，我有几句话想要趁这个机会和诸位谈谈。最近，梧州常常有人到来参观，有些是我们所认识的，有些就非我们相识的朋友；有从广东来的，有从国内很远的省份到来。为什么呢？因为近年广西在人事方面非常努力，所以无论在军政上、建设上、教育上都充分地表现很好的成绩，因此有全国模范省的美誉，日来更轰得外国的人像德领事和美领事都到来一度观光！

然而惭愧得很，本省一般人虽然拼命努力，但是头绪万端，一切还是纷纷待理。在精神和办法上本省固然颇有几分向上的气象，如果和文明国家比较起来，相差的程度当然太远，还是十足的落伍，于事实上自不能不需要"快马加鞭"的努力。在目前，试问有什么值得给人家参观效法呢？

不过，像西大这样特殊的情形，学生用功读书，刻苦耐劳，性格朴质……在国内大学真是可以说是"唯独仅有"的！倘若照现在国内办理大学的情形，前途实在悲观。从一般说，学生无不具三大特色：一是放荡，没有纪律，不定规矩，没有尊长，决不服从。二是懒惰，学生欺骗教师，教师欺骗学生，相习成风，先生高兴就教学，不喜欢便不上课。学生呢？就普通说注册后可以回家去闲游或到社会上去做事，一到考试，问问同学抄抄讲义就算完事！三是虚伪，照道理讲，学生入校求学的目的在求真实本领，做实际的救国工作。我们要负起这种责任，谈何容易，并不是贴两张标语"打倒帝国主义"、喊两句口号"中华民族万岁"，中国就立刻有救，民族就此复兴起来！而且标语越贴得多，口号越喊得起劲，日本人的飞机大炮越炸轰得厉害，中国的领土权丧失得越多，说起来这一些都是国内大学生的通病。但是反观西大，似乎有些特殊的性格，一般学生没有放纵的习惯，遵守严格的纪律，虽然在上期不幸曾经一度发生过传染病，但是到今天，对于一切大家都很明白，而这种流行症绝不再发！至于诸君每周里不但是功课多，并且还要在农场做工，掘土挑泥，又要从事军训养成战斗的才干；而且那种勤苦力作的现象，不但中国没有，在外国说起来亦足以"骇人听闻"！讲到虚伪、好说大话、乱喊口号这一层，我相信西大几百同学都很能清澈了解，知道要救中国、要出社会为人民做好事，非有真本领不行！

西大自创设以来历史很短促的，从民十七到民十八年为时不过一载，自民二十恢复到现在，时间亦不够二年，前后合计开办不过三年，比较起国内或世界上有悠久历史的大学真是惭愧；然而能够在如此短促的时间内养成这种良好风习：学生用功修学，持枪操场，锄土运泥。这种特色，各省大学实在是看不到的！这当然是赖教师们的努力提倡，同时学生如果不觉悟，积恶深重，不能自新，先生们虽然天天喊破喉咙，唇舌为焦，仍旧毫无益处，办不通的！因此关键所在，还是视乎学生有无"自觉心"这一点！

照现在国内大学的情形，可以说对于国家的责任是"只亡不救"，所以要使国民尽其一分子的力量去救中国，在教育上应该有"新的方法"，以陶冶"新的精神"，出去社会以后算有真实本领，能够刻苦工作，并且能够抵抗外人对我的侵略，这就是从前曾经对诸君说过我们实施教育的目的。再说一遍，就是要学生能够养成科学的知识、工作的技能和战斗的本领，将来造成文武双全的人才为国效命！有人说，西大这种办法，结果所造就的国民恐怕既不文又不武，弄成"四不像"。这种说法，未免过分悲观。自然，我们并不是说，这种教育法实施以后，五百余同学将来个个都是满腹经纶、文武双全，有知识，能工作，又能战斗，我们不过是这样的期望。试看世界上不是有许多著名的学校吗？然而并不是说，从那间学校毕业以后个个都著名，成为特殊人物可以干一番事业。譬如说，法国拿破仑在巴黎学校学炮兵，当然在那间学校学习的人很多，为什么我们只知道有一个拿破仑？如果说从巴黎炮兵学校出来的要个个都成为拿破仑，世界上当然没有这一回事，因为一个人的成就，事业的成功率，固然视乎其所受的教育而决定，同时往往要受时代、天才、个性、环境和机遇等所限制的。现在我们相信，西大学生能够像这样孜孜不倦、刻苦努力、实事求是向好的方向前进，这不但可以矫正国内学生向来的妄动，而且毕业以后必定能从实际方面为广西或中国干多少事，所以西大的前途很有几分希望，是值得我们乐观。不过新中国的造成，并不是由几个不忠实的委员胡乱措施所能为力，是需有一般好国民的努力，他们能够自治，能够团结，这样然后才会把中国建设起来。社会上好国民，自然是从学校中好学生而来，现在言归正传，同时还有许多感想！

所以学生应该要有组织，能自治，能团结，不过组织实现以后就要真能够遵守规则，互相信赖，举出你们信仰而觉悟的同学出来负责办事，好好地得到领导，走到"光明之路"，真是名副其实，一切不要干涉，本着自治的精神自己管理自己。是这样，然后可以管理别人，同归于好，这是组织自治的一个意义！

日前各处最缺乏的就是"组织"。因此你无论到什么地方去看，都可以见到"一盘散沙"的现象。原来我国土地的区划单位向来以县，但是一县的地方很广，比较外国的县治要大许多倍，所以广西一省的地域分成九十几县，计起来就实在不算小。但是一向来县就没有组织，甚至小到乡村都没有坚固的团体，所以不但贪官污吏容易作弊，就是一个很有能力和信望的县知事，仍然没有办法！我们到乡下去看看，什么教育、交通、卫生不待说，就是一条方便人走的道路都没有。在雨天的时候，像那样泥泞路滑羊肠小道，劝你简直不要走路，否则非"穿草鞋""赤着足"不行！广西乡村情况像这样，那么广西要确确实实做成模范省区自然非有切实的办法不可！首先就应该将各乡县自行组织起来，举出地方很有望的人负责，采用德国"强制征兵"的办法，将各乡县一向贪懒的人民实行"强迫做工"，将荒地垦殖起来、一切地方上的一切事业兴办起来，此建立地方自治的基础！这种"强迫做工"的制度，我国古昔也有，不过这种制度的施行非待地方有了组织不可。这种目的如果能够达到，一个地方才能够欣欣向荣，而一省的发达才真正有希望。所以一般负有救国使命的学生，大家在学校时就应该养成组织的能力和自治的习惯，然后回到本乡本土以后负责将向来散漫的村乡组织起来、一县的事业兴办起来。如果一乡一县弄得很有头绪，一省才有办法！因为乡村是一县一省的组织细胞，细胞不健全，没有新陈代谢的生活作用，那么整个的组织自然不能够健全而有生机！而且个人是广西一个更小的细胞，一个人在做学生的时代就应该组织有自治团体，平素有训练养成自治的习惯以互助合作，这是组织自治会一个更为深长的意义。

西大是一个很小的团体，现在同学为数不满六百，但是将来还要渐渐地增加的，所以负责"改进广西"实在是很有力量的，但是要把广西的基础确立，一切事业兴办起来，没有帮手是不行的。要能彼此帮助，就非将西大同学联成一个很大的团体不可；如果在西大读书的时候就没有组织，到将来离校以后，各自干各的工作，顾找饭吃且不暇，互助团结恐怕更没有办法！所以现在把学生自治会组织成功，自己办你们应办的事，在这个团结当中互相策励，出社会以后携手合作，发展很大的力量，就可以把广西建设起来！

（此演讲作于 1933 年，原载于 1934 年 7 月出版的《马君武先生演讲集》）

民族胜利三要素

——在华中大学的演讲

诸位先生！诸位同学！华中大学的声誉已经听得很久了，可惜我到武汉机会不多，没有早来参观贵校。辛亥革命的时候，我到过武昌担任起草临时政府大纲的事，然而在那里只住了五天；民国十六年到过武昌一次，可是住在船上，很少上岸游玩的机会；去年国军从南京退出，我在武昌住两天，以后参政会在汉口开会，我又去武昌两次，可惜的是几次短时的勾留，没有来贵校参观过。这次抗战其中，贵校搬到桂林，桂林是我生长的地方，今日能与诸位在此见面，我谨代表桂林地方的人，向诸位表示欢迎！

桂林是向来没有大学的，民国十七年广西大学成立，地址不在桂林。当西大开始成立的时候，大家以为广西地方很穷，一切的天然物产都没有开发，学校应该侧重在应用科学方面，所以广西大学当时分为理、农、工三学院。西大的文法学院是民国二十五年后设立于桂林的，我也在那年告退了。理工学院设在梧州，农学院设在柳州，这三个地方的学院组成了今日的广西大学！

近代有些人对丁大学有些错误的观念，以为大学须多开速成班，一二年修学就够了，何苦须读四年呢？实际上一二年的光阴很难研究学问，像采矿冶金等的课程两年是难有成就的，西大的速成班现在已少开了。对于学问，我们不能抱速成的眼光，它一定要经过相当年限与努力的！学校是把人造成一把钥匙，将它磨到一定程度去开社会的门的，一定要经过相当的琢磨工夫。近代的国家是建筑在高深学问上面，教育是应该提倡到一定的水准的。比利时是欧洲的小国，面积不过如中国的一二县，然而大学却是很多；邻近中国的日本，三十多年前大学不过是少数，然而近三十多年来进步已很有可观了。我在一九〇〇年到一九〇五年在日本念书，看见晚间沿街货摊做买卖的人个个读报章杂志，人家热心求学的精神是何等的普遍了。

现在中日战争已经爆发了，实际上一个国家对于战争是不能免的！自有史以来每年都有战争，因为人口增加，而物产却是有限。我们要成立一个国家，一定要预备战争。过去我们太避免对外战争了，然而几十年来的内战损失却不亚于一次外战，可是内战是没有进步的，对外的抗战才能于比较中看清白己的弱点，晓得自己的民族缺乏是什么。我们几十年来的内战，结果是不能认清人家，久用陈腐的步枪大刀，不能与人家的新兵器相抗衡，这次抗战中牺牲的人是不知若干了！大家都知道，广西在这次抗战中出了四十万军队。去年十月，在汉口看见由广西出发的兵士，脚上是草鞋赤脚，肩上背着一杆步枪，身上穿的是单衣，我们穿有袍子还冷，而他们却穿着单衣，终日在风雪中行走，心中是难过极了！

我们广西提倡四大建设：一、军事；二、政治；三、经济；四、文化。这四个纲领正像一个凳子的四只脚一样，应该建造得一样齐的，才能将凳子放好，可是过去这四只脚发展得太不平均，成了一个四脚不齐的凳子。不然，四十万人的效命疆场，成绩是一定更有可观的！

今后我们要努力生产，挽回经济上不良现象，培植适当的人才，现在举淘金做个例子吧：淘金在广西用冲洗法，一步一步地将砂洗去，可是方法太旧了，冶金用盘子洗。据冶金学家说，这样的老法只能够得到百分之十五的金子，其余的百分之八十五是抛弃了。广西年产三千万两金子，内中所失去的百分之八十五的金子是多么大的一个数目！广西何得不贫呢？各位今日到桂林来，将来给广西一个好印象，晓得学问靠速成是不行的，人才是紧要的，将来大家认识大学究竟是个什么东西，所给予社会的究竟是什么？现在除了华中外，交通大学、唐山学院、浙江大学、同济大学都搬来了，大家将来所受的赐予一定是很大的。

对于抗战，我认为，一个优秀胜利的民族须得具备三种要素：一、道德；二、知识；三、身体。

一、道德——中国人对于道德有的太低落了，贪赃枉法的事是多极了。从前的汉阳铁厂与日本的小幡铁厂、中国的招商局与日本的邮船会社都是同时发起的，可是因为中国方面贪污很厉害，弄得到了今日已不能与人并美了！中国的空军建立也有很多年了，假使自始至终没有贪污的人，到今日不会受人家这样的残害了。广西向来惩办贪污很严，湖南主席张治中到任后就检举贪污，这实在是一个救国的好道路，中国全国都应当如此做——每个国民更应当建造好的道德，才能助政府完成复兴民族的希望！

二、知识——社会上每每看重知识是青年的专有品，时常使得知识与实际生活分离，各处组织学生军出发前方，仅仅担任宣传的事。他们以为大学生只能做做宣传工作，不能在疆场上与敌人相争，这种事实的结果，使得需要理工人才的机械化部队给无知识的士兵管理，因此时常闹出些笑话。像士兵认不得大炮表尺，坦克车不能好好运用，国家蒙受重大的损失。今后我们要认清，教授、学生都是国民的一分子，都应该替国家做事，国民都是站在同一的战线上，不会有什么特殊的地方！

三、体力——我从前在外国读书，看见外国学生在铁厂工作，拉风烧炉做得很好，然而一些中国学生却做不来了！前方打仗是在泥水中过生活，没有好的身体就不行了！大家要各自保养自己的身体，保养中应当注意的是：一是营养，二是练习。在今日的国难中，我们应当吃富有营养品而价值便宜的食品，每天吃的糙米就是其中之一。德国的黑面包是平日的食料，吃得下都是长得很好的。还有人以为糙米不易消化，实际上糙米是比白米易消化的，更厉害的是吃白米容易发生脚气病，我们应当每天吃糙米。再广西山地很多，桂林的门前即有很多的山，大家多走走山路，很可以练习身体。各位可好自组织起来，练习自己做一个复兴中华的勇士。中国四万万五千万人口，在整个世界人口十六万万的数目中，大家能振兴起来，不强盛是没有天理的！田中义一要拿日本去征服世界是假的，只有我们才是真的！

（此演讲作于 1937 年 5 月，原载于秦道坚编撰、1980 年出版的《马君武博士生平事迹》）

建设广西与基础教育

——在桂林县基础学校教职员暑期讲习会上的演讲

本省四大建设好像桌子的四个脚，一个桌子一定要四个脚都同样长，这个桌子才能够站得稳，四大建设也是这样。但几年来本省四大建设的成绩却没有平衡的发展，军事建设发展得最长，政治建设次之，文化经济两大建设则最短。这可说是军人对军事建设所做的功夫，做得最大，而读书人对于文化建设和经济建设所做的功夫，做得最不够。因此，外省人常常到广西来考察，只是考察军事政治建设，而文化建设尤其是经济建设却没有什么东西可供人家考察。这实在是本省建设一个很大的缺陷。因为经济为一切事业的根本，军事、政治、教育均受制于经济，倘经济建设没有办法，则影响到军事政治教育的发展，这是很明显的道理。譬如本省文化落后，教育事业及出版事业，均不发达，全省报纸仅有几家，大学仅有一所，而且还分在三处设立，比之欧洲各国实相差甚远。即瑞士、比利时那样小小的国家，就有很多大学专门的学校，各种文化事业都很发达，为什么本省教育及其他文化事业这样落后呢？这是因为经费缺乏的缘故。所以，从前本省四大建设是以军事为骨干，今后应该注意经济建设，经济建设有了办法，那么，军事、政治、教育都可以顺利地发展了。

我从前奉命办理广西大学，关于课程注重科学，尤其是应用科学，其目的在造就科学人才，使之成为生产队伍的长官，以谋发展农工业生产。但西大经无数波折，终于于（民国）二十五年改组，增设文法学院于桂林，一校三个学院分开三处很不经济。幸由（民国）二十四年起梧州西大已有毕业生，以后每年如此，现在各中学、各农场、各工场矿场都有西大毕业生在服务着，这对于本省经济建设当有不少贡献。

十月革命前的俄国是一个经济落后的国家，自革命后先后实行二次五年计划成功后，便一跃而变为工业化的头一等强国。现第二次五年计划正在进行中。回忆欧洲大战时，俄国军事建设落后得很，因此，俄军在丹伦堡之役被敌军俘虏二十多万。可是，苏联自经两次五年计划后，经济建设有了惊人的成功，从而军事建设亦随之而有飞跃的发展，现在苏联的飞机无论在数量上或质量上，均较任何国家为优越，在从前苏联是不能自制汽车和机器的，现在却能大量出产汽车和机器了。所以经济建设是军事建设的基础，而机械化工业化又为经济建设必需的条件。

四十年前的桂林科举非常发达，所谓"一县八进士、同胞三翰林"，可见读书人之多了。因此，桂林人至今尚以此自豪。实则那时候的读书状态是很可笑的，所谓皓首穷经所读的不过是几本八股旧书而已，虽间有藏书较多的，也不过是装饰门面，根本就没有看。反观外国不但大学有大规模的图书馆，而且乡间也有或大或小的图书馆之设立，一般国民都很喜欢看书。国民有无读书风气，此事直接关系于民智开通、文化进步，间接关系于国家民族的存亡，至为重大，我们不可不加以深切的注意。现在桂林虽有图书馆，但据统计，每天前往阅书的多属公务人员，普通人却很少去看，可见桂林到现在还没有养成读书的风气。所以，国民基础学校今后应注意下列诸点：

第一，提倡读书的风气。近几十年来，中国日趋于没落之途，广西亦随之而没落，人民都不好读书而好赌博。曾经有人这样的问我："你会打纸牌吗？"我说："不会。"他说："桂林人不会打纸牌？"可见桂林人都会打纸牌。不但桂林如此，汉口、广东各处的赌风也同样的盛行。外国人利用剩余的时间金钱用之于读书，而中国人却用之于赌博，说起来真令人痛心！所以，国民基础学校要负起提倡读书风气的责任，利用一切剩余的金钱时间来多读新书杂志，并将这种读书的精神推广至社会，以造成读书的风气而转移好赌的恶习。

第二，提高儿童研究科学的趣味。我国这次抗战吃了敌人不少的亏，因为我国的经济建设比敌人落后五十年，亦即科学比敌人落后五十年。——桂林对科学的研究，简直还未动手。现在我国的工业区已被敌人破坏或占领，作为内地中心城市的武汉也在敌人的威胁中，所以，我们要重新在内地建设工业区。但内地工业现在还没有建立起来，因为工业建设不是一件容易的事情，是要大批专门技术人才的。苏联社会主义建设的五年计划，要用百二十万技术专家，依此比例，我们建设广西，使广西工业化，至少要用十二万专门人才。现在西大所造就出来的专门人才不过几百人，离此数目还差得远，但各种经济建设事业均非用专门人才不可。譬如士敏土厂、糖厂交给一些没有专门学识经验的人来办理，能希望有良好的成绩吗？所以，现在要赶快造就大批专门人才，而专门人才的造就须从培养儿童研究科学的兴趣做起，因为儿童好像一张白纸，染于青则青，染于蓝则蓝，儿童是很容易受教育的影响的。但过去教育受儿童家长的影响不小，为父母者都期望子弟将来学成做官，我们应矫正这种错误的观念，而培养科学的知识。例如算术科学给他们以正确的算数知识，以培养其正确的思考力；自然科学应常常带儿童到自然界去考查和观察，现实的材料都是我们的教材。如桂林的山岩都是水成岩，由无数百万年的海生动物的遗骸所积成；孔明台的岩石，如果我们拿起一小块来用显微镜观察，就可以看见无数化石动物。又如风洞山的岩洞是由水经过石灰石时，石灰质被水中的碳酸溶解而成。这，我们都可以用物理、化学的知识向儿童解释明白。尤其是广西矿产很多，因为从前广西差不多完全是大海，后来地壳变动，变成陆地，但是，广西火成岩的附近都含有很多有价值的矿，如富贺钟的锡矿、贵县北山的银铅矿、武鸣大名山旁之金矿。此外，种麻业在本省亦颇发达，但均未采用科学方法改良纺织，平乐的麻未经制造即运出口，富贺钟的锡矿未能用科学的方法合法洗炼，损失亦不少。要广西经济建设成功，绝非少数人所能办到，一定要有许多专家，而造就这种人才的基础，就要靠从事国民基础教育诸君的努力了。所以，诸君要多方设法引起儿童研究科学的趣味，把他们带上科学的路上去。

第三，引导青年走上正当职业的路上去。以往一般桂林读书人都想吃衙门饭，这是错误的心理。其实，做官是范围很小的一种职业，经济建设成功，使人人都有饭吃，才是事业。苏联在社会主义建设未成功之前，人民的生活是很痛苦的，可是现在大不相同了，他们的工人几乎每一个人有一架漂亮的汽车，住的是高大的洋房，比之省政府总司令的办公室还要漂亮得多。美国工人也是这样。人家过着舒服的生活，我们的生活怎样呢？一个小学教师月薪不过一二十元，民众生活的痛苦更不用说了，难道我们就这样地生活下去吗？不过我们要知道，"事在人为"，只要我们人人都有正当的职业，努力于经济建设，我们的生活总有改善的一天。看吧！现在桂林已经渐渐改观了，湘桂铁路不日即可通车，明年还可以直达龙州哩。以前本省的工厂因缺乏煤不能开工的，湘桂铁路通车后，湖南祁阳等处的煤运到广西来就可以开工了。最近中央派人到广西来调查，研究富贺钟的锡矿及各地的水利地质，注意开发本省的富源，因此今后本省经济当有大发展的希望。但要想经济建设成功，不但需要无数的专家，而且要无数的人们参加生产事业才行，所以我们应该引导青年走上生产的路上去，并且大家不断地研究改良生产技术，这是可以做得到的。福特实验改良汽车终获成功，他本是一个穷醋大，现在富甲美国，我国也有人发明以植物油汽车的燃料来代替汽油，挽回利权不少，可为例证。

总之，今天说话的意思，是希望诸位提倡读书风气及科学兴趣，并指导青年走上正当的职业之路，使之成为经济建设的职工乃至领导者。最后，诸君刻苦耐劳负起教导桂林儿童的责任，兄弟是桂林人，应当向诸君表示非常感谢！

（此演讲作于1938年10月1日，原载于秦道坚编撰、1980年出版的《马君武博士生平事迹》）

第三章
时局危贻，振臂疾呼

共和政体论

君主政体基于神权，共和政体基于人权。共和政体之国，有真实强固及永久的主权，每一国人皆主权之一分子，而寄此主权于一选举体者也。新学渐兴，文化日进，全球君主之数每年减少，此世界上不可逃之命数也。今年地球上君主之减少者，为葡萄牙革命，而其王出逃；朝鲜被吞，而其皇帝被废；今将并满洲皇帝而其数三矣。君主所以不能见容于世界之故，盖基于平权学说之原则，人人公权平等，而不容一部分一阶级之人享有特权。今世界君主之所以能存在之故，厥有二道：一曰以最强固之兵力自拥护，如俄是也；一曰其先人有大武功于国，而国人尚未忘之，如英、德是也。而彼犹皆不能不借神权之谬说以自护持。故德皇之演说，辄曰：神佑吾。英人之国歌曰：神佑王。

共和政体者，今世界上最合于理论之政体也。今观伍廷芳对外人之议论（九月十八日《字林西报》），有中国人之一部分尚喜君主立宪之说。无论其说与事实不符，即以世界革命史比较之，中国断无返而为立宪君主□□□□□□□□□[1] 而中国人之兴逐满师者，莫不奉二大主义，曰：光复中华，建立民国。故汉人中亦不容有希图帝位如洪、杨者，吾愿伍氏之此后慎

---

[1] 此处残缺三十余字。

其言也。法人革命时，语曰：誓杀尽君主，使流血满地球。盖法人受君主之虐毒至酷，故痛之也深。吾中国之视法国，其受君主之恶毒有更甚焉。泱泱神州，吾国民今方以血洗净之，岂能复容野蛮时代之遗留物、所谓君主者混迹其间乎？

（原载于《民立报》1911 年 11 月 9 日）

创造文明之国民论

呜呼！创造文明之国民不祥。

译斯语以法语，当曰：Les nations qui créaient la civiliza tionsont infort-unés。欧美历史家向无此说，余实首倡之。

呜呼！彼光华灿烂如火如荼之欧美，受因袭文明之福，而不蒙创造文明之祸。彼二洲之人，乌从知创造文明者之不祥乎？伟哉！吾亚洲之古国民也。当夫草昧初始，群氓蚩蚩，禽兽与居，独能辟云雾，清草莱，竭天赋之才智，兴未有之盛蒙，为万世文明国民之先导。哀哉！吾亚洲之古国民乎。鹊巢而鸠居，功遂而勿退，徒知创造而不知因袭，移世以后，遂坠于地。今日者，披其国图，过其故墟，荒荒大都，不知隶于谁氏；芸芸广民，不知奴于何种。亡国累累然，俯仰太息而谁与语？哀哉！吾亚洲之古国民乎！

聚欧美之历史家，百口而议之，则莫不曰创造文明者，实东方之国民（Oriental nations）也。东方国民者，盖指埃及（Egypt）、亚叙利亚（Assyria）[1]、巴比伦（Babylonia）、希伯莱（Hebrew）、腓尼西（Phoenicia）[2]、波斯（Persia）之六国者，皆与欧洲文明之发达，有密切之

---

[1] 今译亚述，古代东方奴隶制国家。

[2] 今译腓尼基，地中海东岸奴隶制古国。

关系者也。

请言埃及。一国之启文明也，必自变游牧之蛮俗为耕植始。埃及有尼罗大河，岁一泛滥，土地皆润，故其由游牧而变为耕植也易。耕植既兴，人民集居，则须有大力以保其公和，此埃及所以早有强完之政府也。埃及之启文明也，及在希腊开化之期数千年以前，至其中帝国（Middle Empire）立，而文明为极盛，不朽之大工皆兴焉，埃及诚世界文明之祖国乎。

请言亚叙利亚及巴比伦。埃及之衰也，有据底格里士（Tigris，底格里斯河）及阿付腊底斯（Euphrates，即幼发拉底河）之低壤，勃兴于第八世纪，传及百年，为古昔东方之强国者，是亚叙利亚也。造尖形之字（Cuneiform，即楔形文字），文章历史，蔚为巨观，商业及天文学，皆由是滥觞焉。巴比伦继之，破耶路撒冷，取土罗（Tyre），并波斯，遂为帝国。虽二国历史，皆不长乎，而其为倡造文明国民之一，则已为世人之所同认矣。

请言希伯莱。希伯莱种人出自埃及以至其许田也。大卫[1]、所罗门[2]接踵而兴，盛饰其京都，而奖励夫商业。耶路撒冷之庙堂，一时壮丽，诚无可比伦矣。不宁唯是，且所谓世界宗教者（World religion），由是种出欧洲之开化也。以景教之功为最伟，虽今日犹食其赐焉。

请言腓尼西。在伯利恒海岸之侧，背山而建国，以斜长之狭地，而有大名于上古之历史者，是腓尼西也。以西顿（Sidon）及土罗为两大市，握世界最先之海权，其商船由地中海以见于黑海，其末年且远见于大西洋之岸焉。埃及、波斯莫不服之，为希腊最亲近之导师。造船之艺，航海之艺，手工之技，皆由是兴。或谓欧洲今日所用之字母，亦由腓尼西来也。

请言波斯。东方之大国，终莫不为波斯之所并。及大利乌（Darius）[3]

---

[1] 大卫，古以色列国第二代国王。

[2] 所罗门，大卫之子。

[3] 大利乌：即大流士一世，古波斯帝国国王。

为帝，而国势大张，兵力远扬，今日俄罗斯之故土亦属焉。政治之机关，发达最完，设府知事以治列府之事。有索罗司泰（Zoroaster）[1] 为教主哲学之思想，发轫于是。

呜呼，之六国者，今日则何如？埃及之文明往矣，受英法之干涉也。亚叙利亚、巴比伦、希伯莱、腓尼西之文明往矣，为土耳其之奴隶也。波斯之文明往矣，奄奄一息，以待他人之割取也。忆昔时如龙之车马，秋雨淋铃；望故国如画之山河，明月照夜。夫非世界文明最先之祖国欤，而今莫不如是，余能勿悲！

罗马之既亡也，罗马之志士，有稽故国之版图；读先代之历史者，莫不流涕太息，怦怦然生再造罗马之感想。此意大利所以复现出于十九世纪也。希腊之既奴也，希腊之志士，莫不痛土耳其之专制无道，奋然兴独立自主之感想，屡踬而不屈，此希腊所以亦出现于十九世纪也。而埃及数国，遂沉沦而不复返，何自由独立之空气，独与此数国隔绝而不通乎？曰是唯能制造文明之故。

创造文明者不祥之原因奈何？曰物质有一最要之公性焉，曰不相入Impenetrability。不相入者，谓任何二体，不能同时同居于一处也。如案上有书一册，倘非现移置之，则举世无人更能以他册置于前册所在之处。针穿入布，钉举入木，针必先挤开布之质，钉必先挤开木之质，而后能也。欧洲者，因袭文明之国也，故其国民能受文明，且重积之。亚洲则创造文明之国也，已有文明，常不愿复受自他来之文明。夫文明交通，人种乃发达而进化。且文明者，日积日进，而无一日之可息也。泰西史学家言曰：文明者，人种之所积也。前人往，后人继。近数世纪以来，后一世纪之文明，必较前一世纪之文明大异。益方日进而未尝已也。创造文明之国民，以为文明者吾所固有，而常自骄自立，不复有纳受义明之虚衷。如既有一书于此，遂不能更以他书置于其所在之处也。耶稣教大行于未开化之荒岛，而不能入回教之

---

[1] 现译琐罗亚斯德，伊朗琐罗亚斯德教创始人。

国。白人能开共和政治于美洲，在亚洲专制之大域，则不能也。呜呼！亚洲诸国致衰微之原因不一，而创造文明一端，实其受祸之总因也。

昔为世界堂堂有权势之同，而今为异种人之殖民地；昔为世界堂堂有光辉名誉之国民，而今为异种人之间接奴仆，人间最可哀悼之事，孰过于是？吾是以哀埃及，吾是以哀亚叙利亚，吾是以哀希伯莱、腓尼西、波斯。虽然，乞子也而怜人之贫，得勿为达识者之所笑。吾中国人种，亦世界创造文明之一也。

近人作格致古微，历举泰西之艺学，谓其一一本于中国。其书信美矣，或亦太夸张而不可信。泰西史学家言曰：中国与秘鲁，开化最古，而其文明皆与欧洲无关系。要而言之，我中国之人种，实能自创文明，数千年来，未尝受外来之一点一滴，则无可疑也。

美哉中国乎，美哉中国之人种乎！自黄帝以降，以中国与他国争，他国无不败；以中国人种与他种争，他种无不败。历五千年以来，既莫不然。虽其间全受制于异种者二朝，然皆化异种，而非受异种之化也。无他，吾中国昔日所遇之异种，其文明固未有能及中国人种者也。美哉！吾中国之人种乎！

呜呼！我国同胞其勿狃于昔日之形势，我同胞其勿骄我固有之文明。今日之与我相遇于此远东之战场，以力争此大陆之主权者，乃白皙硕大之高加索人种，而非昔日匈奴、回纥之比也。高加索人种既承袭东方之文明，又发明而光大之。有自由平等，为其国民之脑气筋；有学术技艺，为其国民之羽翼。其势可以横行于此世界，而莫能当之，因袭文明之效，乃至于是。

中国人之爱国者，曰中国将亡，吾信其说。中国人之爱其种者，曰中国种将灭，吾尤信其说。然徒知之而徒说之，则亦何益之有？吾于此有一言曰：愿吾同种之人，忘其昔年创造文明之往事，而从此为因袭文明之国民。我同种而诚能因袭文明乎？岂唯存国保种而已？以中国飞扬突起于二十世纪，以中国优尚之人种，横行于此地球，何难之有！

文明者，非一种之所能窃据为己有者也。如天气然，大风起自赤道，送之于南极则南焉，送之于北极则北焉，唯遇塞向墐户之密室，则天气固无如之何。美哉，我中国，勿为不受新天气之密室也。

亚洲今日仅能自立之国，非日本乎？日本自古为因袭文明之国，而非创造文明之国，故其改良也易，吾国人而诚能崇拜日本也，不可不知其兴国之源。

达尔文曰：物种之稍务者，必为稍优者之所胜；昔日之良种，遇更良者则亦退而为不良矣，天择常保存物种之最良者。窃愿我最亲爱之同胞三复达氏之言。

（原载于《译书汇编》第 2 卷第 12 期）

从辛亥本省光复说到将来期望

——在广西大学纪念辛亥本省光复会上的演说

今天是本省光复纪念日，所以放假一天，开个会纪念。趁这时候我把辛亥革命的情形和本省光复的史略述个大概。但是当时我适从德国归来，并没有回到省内，因此关于本省光复的史略，自然都是由别人口中传述得来的。

辛亥那年三月间，党人黄克强等在广州起义失败，死难的七十二人，都是各省革命的精英分子，合葬在黄花岗。于是全国都惊震起来，接着党人就四处活动，努力革命的进行，并与军队联络。十月十日在武昌发动成功，全国的革命空气，异常浓厚。党人焦达峰、陈作新接着就在湖南举义，于是各省纷纷都响应起来，本省就在二十一年前的今天宣布独立。当时广西巡抚是沈秉堃。除沈以外最有势力的陆荣廷，还有藩司王芝祥也统率有一部分的新旧军队，但是独立的原动者不是沈而是王和咨议局。在国内革命呼声高涨的时候（九月间），本省咨议局就议决独立，请沈宣布，但是沈秉堃初时不甚赞成。直待王芝祥发动起来，迫无奈何，压制不得，这才和陆荣廷、王芝祥联名宣布独立。但是不久王芝祥便统率一部分军队向长江流域进展，会同北伐。所部的军队就是民二^[1] 作战著名的第八师。这部队曾经许多有名的人物，如反对帝制有名的蔡松坡、李烈钧，以及许多士官毕业回来富有军事学

---

[1] 民国二年。

识的人之长期训练，准备作为南方革命基础的军队，因此战斗力量很强。但是由广西出去并没有参战过，后来直到南京驻防，这正是辛亥年底的时候。刚巧那时我也在南京住着。记得有一次江西驻京的军队突然哗变起来，但是给防线接近的第八师，不到两个钟头，放了几响枪，就把乱事平了下来。这是第八师初次神速的功绩，但是这总是以后的事迹。

话说回来，当武汉起义后，各省相继宣布独立。陈英士、程德全一般人率领民军克服了南京和上海，于是革命的基础渐臻巩固。那时清军统兵大员段祺瑞也通电赞成共和。清廷见着大势已去，命袁世凯组织内阁，派唐绍仪南下和民军议和。那时中山先生亦由英国回到上海，主张革命目的未达，无和可言。于是各省代表齐集南京，选孙先生做临时大总统，然而就职不到三个月南京政府就解体。当日许多人都愿意把政权交给袁氏，中山先生自己也是这种意思。他觉得在军事、政治方面的经验上，袁氏比他要好；而且他所感觉兴味的交通铁道方面也是一样。那么就把政权交给袁氏，自己专任铁路事业的经营，直接可以消灭南北的纷争和促进社会的进化，间接足以使政治基础益进完固。当日汪精卫主张最力。他说："中山先生应该离开南京，将政权交出。如果不是这样，是谓恋栈，直是无耻。"这并非我去捏造，当日在南京的许多朋友都是亲耳听到。我极端反对他这种主张，但是没有效力。结果议定要袁氏南下就职，把整个的革命势力交给他。于是派蔡子民与宋教仁到北京去接他。谁知老奸巨猾的袁氏，外表上要南来，骨子里在弄把戏。当日他买好曹锟，叫他的部下在北京大肆抢掠，直打到各省代表的住处，吓得许多人半夜三更起床，赤足逃命。于是弄得在北京的迎接代表没有说话，南京主张就此沉寂了下来。袁氏的皇帝梦此时便下了决心，仇视党人的心理也就益加剧烈，想根本消灭革命的势力。不久，宋教仁在上海车站为袁氏所指使的凶手刺杀。接着将国民党中反对袁氏最力的广东都督胡汉民、江西都督李烈钧、安徽都督柏文蔚、湖南都督谭廷阎免职，于是引起民二的第二次革命。当时南京的革命实力就是王芝祥所领率出去的第八师，跟着黄克强先生孤军苦战。因为没有声援，结局终遭失败。这次失败的主因就是国民党人不愿打仗、犹豫不决的错误心理，给袁氏得以作充分的准备：在经济方面他已向五国银行借款到手；在军事方面又布置周到，任郑汝成为上海镇守使，段芝贵为江西宣抚使，派张勋赴徐州，海军次长汤芗铭镇压江西。所以到各省宣布独立讨袁时，便支持不到几个月而失败了。这是本省光复的史略和二次革命的经过大概。

现在再谈谈省内的实情：

自本省光复以后，各省自治的声浪很高，就是要本省人治理本省。因此王芝祥、沈秉堃便不能见容。省议会便把不学无术的陆荣廷招出来做都督，于是广西的政权继着军权尽落陆手，弄得本省十年没有进步。初时省议会是议决关于教育司、民政司、财政司、司法司应举省内德高望重的出来负责，但是并没有想到选出后切实保障一层，所以不久结果给陆荣廷通通换过。

谁都知道陆荣廷在民五跟着唐继尧、蔡松坡反对帝制很有功劳，虽然是痛恨他的也都承认这事。如果就广西的本身讲，陆氏确是罪人。不但广西文化因此弄得迟滞，而且养着闲人，括削民膏令本省人苦痛非常。当日到武鸣去连童生都寻不到一个，因为陆氏是武鸣人，武鸣识字的都被引荐了做官去。那个时候，还有一个马平的陈炳琨，也很有势力。所以当日有句俗话，谓广西做事的"不平则鸣"。干事不问才干，先问是不是同乡，这样把广西愈弄愈糟。要是不然，现在的广西就不止这样子，这是民十以前二件很失望的事！幸而好得广西人是向上的、前进的，肯去做、肯努力，不多久就改变了从前的态度。直到现在，才算上是差强人意了。

民元省议会里面的人，都是我相熟的朋友。在情谊上说，自然我不愿意讲他们的短话，但是他们负着极大的任务，并没有想出善法制止政权落到陆手。至今广西十年不见丝毫光明，所以他们终不能说没负有责任。

此外，还有迁省的问题也来谈谈。从前广西的省会在桂林的。并非我是桂林人，把省迁离桂林，我就反对；而且我根本并不反对迁省，我觉得若要广西文化发达，确有迁省的必要。但是就不应该搬到交通不便的南宁，是这样便不能说不是一种错误。从前俄国彼得大帝图强，就从莫斯科迁到圣彼得堡，以便接受西方文化。我们将省迁到南宁，有什么意思？谋广西的进步吗？不是！地连边疆便于国防吗？试问当时有什么力量？果真要和外人拼个高低，最小限度有待几年准备，积极地实施军训和军器的制造与充实。拿现在来讲，仍然还没有把握。民二说国防，真是骗人！那时边关上的炮台，多以颓毁。大炮没有一门可用，子弹一颗没有。其他新式坚固的炮台和快利的炮弹，更不待言是没有备置过。什么巩固国防，谁能相信？振兴农业吗？南宁以东一带，农业还比较发达，然而并非是迁省努力后的成绩。宾阳、武鸣还像个样，到得南宁来，一片荒野，茅草满地。一个省会放到这样所在，真是令人凄凉！若就交通便捷来说，可以和外界先进的地带多所接触，使文化渐渐提高与发展，那么最好是梧州，由香港来一天半到。其次就是桂平，背山面水，是柳、郁两江汇合处，形势很雄壮。但是当时偏要迁省到文化落伍、国防无望的南宁，真令人百思莫解！那时有反对的，他们就这样致答："你们并没有到过南宁，知道什么？"这在陆老师方面自然极端表示乐意。地接家园，真是最好不过！就这样一来，广西文化上受了莫大的损失。所以一方面我们承认省议会的功绩，归结一句，功罪是等同的。

从此以后到了民十四年的统一，本省就向着进步的途程突飞猛进。事实上虽然仍免不了错误与浪费，就大体上言，我们还可以原谅的！接着是很不幸的两粤战事爆发，于是建设中辍了两年！内争，说来痛心。中国人本就不应杀中国人。假使有力量何妨去对外，这句话我们应该刻刻记着。从地理、历史、风俗、习惯、语言总总方面观察，关系密切，两广实是一家。唇齿相依，事实经不容我们否认。所以应得永远免除这种无意识的斗争，一致携手，同在前进的路上走！

流光如矢一样过得很快，一霎眼，现在离本省光复已二十一个年头。忆起二十一年前的我，正是三十年华，英气蓬勃，代表广西到炮火下的武昌，起草政府组织大纲。又回到南京出席，开多少会说多少话，别人欠理的提案，一语打消。开了会，又到上海欢迎孙先生就临时总统职。连夜赶回南京，一路叫着"中华民国万岁"，喊得声音都破。但是那时精神很好，一切应付裕如，简直不算什么一回事。满清排除，民国创造。但是现在民国弄得糟糕，想到过去，心中不禁感慨起来，觉得不但对不住民国，尤其是对不起广西！所以现在将所有的精神和能力，拼命地努力贡献给广西的文化，但是总是有限得很。广西的当局现在也抱着这种决心去干，但是时间和能力终还是有个限制，所以责任不久便要放在诸君的肩头上！

本省民十以前陆荣廷干得不好，我们原谅他没有智识和眼光。民十到十一，到马君武来，但是同志太少，也干不好！就好像做戏的没有配角。那时不但配角没有，喊舞的都没有。当日办事人员有的在我跟前说得如何的好，怎样振作精神去干，但是转个背不到几天，做坏的行为就暴露。这真的无异乎一手举起发誓，双脚便在地上画"不"字。这么样无怪乎演不出好戏，所以我们也原谅他！目前的当局都很极力向前干，这是很好的。不久的将来，责任交给你们，那么务须把广西干好，莫再像我们不怕惭愧地希望后人原谅！

现在要做一件附带的事，就是发给二十年度本校预科毕业文凭。诸君在西大毕业，这算是破天荒的第一遭。还待几年，就本科卒业。所以你们离校到社会服务的时机渐渐接近，因此我觉得很高兴。现在发预科毕业文凭，再过几年，就可以发本科第一班理科的毕业文凭。十七年间我曾说但愿有一天西大学生读七年后，在我手里拿文凭，在我得尽一己能力把西大弄成一个雏形，我也就心满意足！因为一间著名的大学，并非一朝一夕可以弄得好的。世界上无论哪一所有名的大学，初办时都是简略的，待经过了长期的努力和惨淡的经营，后来才规模宏大，教材充实、设备周全的。在短时间内办好一间大学，事实上决不可能的。最近接到一位远地的朋友来函，说及西大"一日千里，气象万千"，真是愧不敢当。不过西大具有一种精神，就是"大家拼命"，这或许是别间学校所没有的。在教授方面，不但是上讲堂、改课卷，而且改到夜半三更！学生方面，功课很多，还有军训和课外活动。就是这样给诸君学学各种智识，自立起来。这就是一切根本的根本！好，大家拼命！

(演说发表于1932年11月7日，原载于《广西大学周刊》第3卷第9期)

论新共和国当速建设国会

　　自武汉革命军兴以来，仅一月耳，而中国全国已次第反正。今满酋势力未坠之地，唯满洲、河南及直隶之一部分而已。今吾全国之所希望者，为共和政体。然共和国之须有国会，若人体之须有脑筋，无国会则一切举动不灵。前此之资政院，为所谓钦选及督抚所指派者，其近日之举动，尤为荒谬。已独立之各省当即日宣言不承认旧有之资政院，而选举议员设立国会以代之。今日国会之所以当速行设立者，尤为财政问题之待解决。新国初设，百事待举。前此满政府之恶税，如厘金等项既已废止，则不能不另筹新财源。而救急之法，为发行共和国债，此皆非有国会之赞可，不仅通行者也。

　　今谨拟设立国会之简易办法如下：

　　一、国会之所在地。将来之新国都必设于武昌，因其居中国之中点，且陆路、水路俱交通便利也。且此次之大革命，起点于武昌，尤宜于此设新国都以为永久之纪念。而国都所在之地，即国会所在之地。

　　二、议员选举法。凡共和国皆行普通及直接的议举法。就中国人四万万计之，除去妇人及未成年者之外，当得有选举权者一万五千万人。假设议员数六百，则为每二十五万人选一人，可依此数以划分选举区。

　　三、国会制度。暂采行一院制。

　　四、期限。今由各省政府通告人民选举议员，期以明春会齐，国会年限每四年改选。

　　然对于新国会，有密切之关系者，即政党是也。中国数千年来，皆君主专制政体，故政党不能发生。其稍似政党者如汉之党锢、唐之清流、明之东林，莫不遭恶政府之摧残芟夷。近年以来，因满政府之倡伪立宪，乃偶有少数之君主立宪党发生。今者民国光复，群望共和，当由各省各府县之志士，发起共和政党，组织一大势力，将来之新共和国乃能长久扶持。不然，如今日之形势，新政府即以旧政府之人任之，其能胜任者固非必无。若皖之举朱家宝，直隶之举陈夔龙，广东之举李准（后二者皆传闻），皆平日著名反对革命、行为苟贱之人，岂能胜新共和都督之任乎？其后患方长耳。

　　　　　　　　　　　　　　（原为《民立报》1911 年 11 月 12 日社论）

新共和国外交之成功

——伍廷芳之宣言

记者对于十九日《字林西报》伍氏之言论，惜其言不坚决，曾著论辩之。今读其对《大陆报》（九月二十二日登载）之宣言，明白痛快，此吾国人所当表满怀之同情而承认其言之的当者也。伍氏之言最痛快者曰：英国人甚爱其君主，故英国须以君主治之；中国人既已痛恶满洲皇帝及其政府，而希望共和矣，中国既宜为君主立宪国，岂不宜于为民主立宪国乎？且英为君主立宪，美为民主立宪，其宪法固无大异，所异者一为君主世袭，一为总统选举，吾国以数百千万之金钱养一君主，曷若以之兴有益事业乎？美国钢铁王加尼治前有电贺中国共和之成功，旋由伍氏复一电表谢意曰：吾人为自由及良政府而战，望美政府承认之。顷加尼治复来一电曰：承认姊妹共和国者，必以美国为始。此诚共和国成立以来，外交界之第一佳音也。加尼治之势力，不仅限于美国，即欧洲各国之总统帝王，各汲汲然与之联友谊。若吾新共和国得美国之介绍，以受列强之承认，则外交基础大定矣。

伍氏之学问道德及爱国心，久有声于美国，而受其国人之敬仰。愿吾国人始终信赖之，并望各省已独立之政府，速以正式承认其代表全国之外交。益望伍氏始终热心以扶助共和国之成功，为吾国之富兰克令[1]。

（原载于《民立报》1911 年 11 月 13 日）

---

[1] 今译富兰克林（1706—1790），美国 18 世纪名列华盛顿后的著名人物，参与起草《独立宣言》。

论新共和国当速行征兵制

今日吾国民所处之地位，唯有二途，不为共和国民则为永远奴隶。

吾国人欲为共和国民乎？共和国民之对其祖国，有必不可放弃之义务，曰纳税，曰当兵。欲吾国之永远于地球上保存其独立，固非行征兵制度不可也。

共和国亦有不行征兵制者，如美国是。虽然，美国人之爱国心，若是其强固，非吾国人之所可比拟者也。

今者满酋未灭，战争方酣，吾甚怪各省之军政府，何以不仿行征兵制，而仍用募兵法也。

以苏州之现状言之，居民纷纷迁徙，政府所募之兵，乃至有乞丐杂乎其间。其最优者，山东迁来之垦荒者耳。共和国民乎，胡乃自弃其祖国而不顾，乃以国家及己之生命财产托诸若辈也。

德意志所行征兵制，凡国人皆有服兵役之义务，其国人之数七千万，战时可得兵六百万。今吾国可变通其法，依所需兵之多寡，按若干户而征一人，为他日国民皆兵之基础。征兵之手续同较之募兵为稍繁，而共和国立国之根本在是，不然是筑室于沙上耳。

（原为《民立报》1911 年 11 月 14 日社论）

组织临时政府问题之解决

今日国内人士及海外表同情于新共和国之友邦，皆谓新共和之时机既已成熟，不可不有新政府之成立，以代旧政府。诚哉，吾新共和国不可不速谋临时政府之建设也。

组织新政府之唯一办法，当以武汉为主体，由武汉共和党（即前此之所谓革命党）推举临时总统，由总统自组织临时内阁。至满酋已灭，大局全定，乃由全国民正式选举总统。此一定不易之办法也。

葡萄牙革命之时，主动者为共和党，即由本党人选举其党首领，为临时总统，组织临时内阁。其后葡王出奔，全国底定，乃由全国人选举新总统，是其前例也。

此次中国之大革命，起于武汉。其所标宗旨曰：驱逐满虏，建立共和。中国各行省赞和之，先后反正，其一般之希望，皆曰建立共和。吾人甚望已独立之省，勿忘武汉为此次革命之主体，万事取公同之行动，以免他日分崩离析之祸也。

今有人倡议谓当由各省派代表至上海，组织临时政府者。其代表之资格如何，由民选乎？抑由军政府指派乎？此其责任甚重，非能满共和本党之意，及负全国人之望者不可也。若为不完全之选举法及无责任之指派法，此皆共和党人之所万不能承认者也。

共和党人数十年来惨淡经营，捐身命，弃财产，为争自由，谋共和。今尚战争方酣，大局未定，临时总统必须其党人首领最负人望者为之，乃能收拾人心，平定全局。今其党人大半萃于武汉，故组织临时政府一事，当以武汉决之，而各省民政府赞认之，此为唯一之正当安全办法。至于全国公意选举总统，决定宪法，此皆大局平定后之事也。

　　　　　　　　　　　　　　　（原为《民立报》1911 年 11 月 15 日社论）

敬告共和国之军政府

国家之目的，曰维持人民之安宁及增进其幸福、保障其权利而已。其执政之人，则人民之公仆也。

此次革命事业之成否，关于全国家全人种之存亡，稍有知识者皆能言之。故军政府之措置，其关系至大。大敌未灭，隐忧方长，杞人忧天，有不能已于言者。敬为我民国之军政府执事诸公陈之：

一、兵士宜约束也。共和国之兵士，为自由战，为祖国战。若其行为稍涉野蛮，有秋毫害及百姓，则非共和国之兵士，而强盗流寇也。及安庆兵士，竟以争饷细故，虏掠烧杀。其尚可幸者，此种野蛮举动，唯发现于安庆一隅耳。若此后尚发现于他省，则其结果尚堪设想乎？吾望当事者之对兵士，勉以大义，犹当律以严法也。

二、土匪宜严防也。兵祸未息，每每有土匪乘机而起，其在大兵集聚之地，固无所患，而乡曲城镇，时有所闻。此当劝各城邑，练设民团，酌给军械，使之自卫也。

三、竞争权利之思想宜消灭也。各省都督及军政分府之当事，固多由公推选名誉最优者为之。虽然，事权不能不统一，则名号不能不更正。江苏一省，多至五都督，彼此平行不相下，此诚他省所未闻之怪事也。今更闻某都督有"我的海军"之夸言，及某省都督有"我乃由海外所推举"之诞语。此等荒怪之言论举动，若再发现于新共和国，则袁世凯之言中矣。

四、财政宜速清理也。今者兵祸方结，费用倍于平时，若无一定之财源以供给之，则大局不可支。当事者当对于旧赋税认真清理，务使涓滴归公。此外所当新增者，为奢侈税、烟酒税、婚丧费，于增加赋税之中，寓整顿民俗之意。但军用浩繁，非此区区者所能支，则当召集省会，发行债票，此今日所当速为筹备者也。

（原为《民立报》1911 年 11 月 24 日社论）

在参议院辩论借款问题时的演说

本院现在若能悉前参议院之事，只凭公文，万无以秘密会之口说为凭据之理。照法律案，必宜经过法律之手续。前数日，本院规定选举议长细则，尚有人主张经过三读会之手续。现在借款问题，关系全国人民之生命财产，岂有不经读会之手续，即成为法律案之理？现在本院为四万万人民之代表，若对于此事不加干涉，请问何以对我四万万之同胞耶？

（原载于《民立报》1913 年 5 月 4 日）

悼念宋教仁

——代表孙中山在国民党上海交通部追悼
宋教仁大会上的演说

　　宋先生之死，实死于官僚派之手。官僚派无整顿中国之能力，见有能整顿中国者，辄以残忍卑劣之手段暗杀之。若国民一任其所为，民国将万无可望。故今后之竞争，乃官僚与民党之竞争。宋先生死后，中华民国是否与之俱死，当视能否战胜官僚派为断。今当竭尽心力，与官僚派竞争，坚执平民政治，以竟宋先生未竟之志。

（原载于《民立报》1913 年 4 月 14 日）

同心勠力，挽国家破产之危机

——在上海报界欢送国会议员会上的演说

　　报界与议员聚于一堂，此实创举，鄙人不胜荣幸。民国元年，议员与政府宣战，议员战败。求当时之情形者，政府广有军警等为其将伯，而议员则唯恃人民舆论为其后盾耳。未几，议员争约法及固有权利，不但无军警等，且舆论界之多数乃亦反对议员。未几，北京报界不论问题之性质如何，以政府言议员捣乱者，亦往而和之曰：议员捣乱。于是，议员全无后援而大败焉。今议员复召集国会矣，或可与政府一致，如不幸而与政府冲突之际，望报界诸公其后援焉。又有言者，即中国人所负之责任，与外国不同。欧洲宪法，先决而后论，生计竞争，权力竞争，由内而及于外也。民国成立，内外之事，当求其同时解决。既须有良备之宪法，尤须抵制世界之潮流。今中国之输入，且超过于输出者万万矣，国家渐贫，危如累卵。人民所当研究之事，内固在于宪政等问题，外尤以国家免于破产为最亟也。今后报界、议员，幸同心勠力，以挽此危机乎。

　　（本演说作于 1916 年 7 月 22 日，原载于《申报》1916 年 7 月 23 日）

希望铁道协会同人，实行整顿路政之本旨

——代表孙中山会长在中华民国铁道协会欢送国会议员大会上的演说

　　铁道协会今天欢送两院议员诸君，中山先生本预备莅会，不意临时发生要事，不能到会，甚为抱歉。特嘱君武代表，故得躬逢其盛，颇为欣幸。在前三年时，我们铁道协会与国家之关系，孙先生已言之详矣，兹亦不必再述。但就目下之状态观之，我们中国现今之进口货日见其多，而出口货日见其少，其所以致此者，原因实基于交通之不便利。必交通便利，则所需运费减少，而出口货即可以发达。譬如由上海运一宗货物到别处地方，每一吨货物于交通便利的地方，可以日行三百里；不便利的地方，悉以人力代之，或挑或抬，充其量不能百里，而所需之运费，必较便利的地方为加增。现今我们中国于海道相近的地方，尚能运货出口；若非海道相近的地方，虽货积于地，亦不易出口。何则？交通不便利而得不偿失之故也。现今我们既谋设新国家，于道路一方面，务须注意。好在现今一般人民知此中道理者很多，似不难于进行。不过，我们以后不能再为官僚所利用。近五年来之情形，他们官僚党凡与外围借款，其表面皆说是为筑铁道用。其实皆归于中饱，以致凡办一铁路，其经手借款者，无不满载而归 [1]。若尽如此办理下去，则外面

---

[1] 1916年7月31日《民国日报》刊此演说词时，本句下接："试观办京张铁路之关冕钧，以前是一种贫穷之人，至办京张以后，他的财产已达数十万。此数十万，孰非民脂民膏？"

债务日见其增，而内部又未能有真正利益以及国民，岂非不办铁路尚好，因办铁路而反坏耶？

今天所希望于我们铁道协会同人者，就是欲能实行整顿路政之本旨，监督这般官僚，使以后我们中华新国家不欲再如前言为一般官僚所污毁。兄弟亡命三年有余，此三年中，我们政府所借的铁路外债颇为不少。试问他们所办者为何？据兄弟之意，我们铁道协会诸同人宜调查他们所借之路款究系多少，以备向国会请愿，由国会质问政府。尤有一层，铁道协会之性质，与国家一样，人才愈多，会愈发达，国家亦然。诸君尤宜收罗人才，俾国中各铁道专门人才均集于我们铁道协会，为他日整顿路政之预备，此即中山先生今日所希望于诸君者也。

（本演说作于 1916 年 7 月 30 日，原载于《申报》1916 年 8 月 1 日）

约法不死，民国亦不亡

——在旅沪各省人士欢迎国会议员南下会上的演说

立国专恃法律，今总统以守法为虚名，总理谓违犯不敢辞咎，是以陷于无法之地。无法则国且亡。两院同人以守法而失败，全体国民当共起而护法。昔法国大革命时，人人信仰共和，至欲以卢骚 [1]《民约论》代《圣经》。其后国民迭起护法军，匪但王党贵族之阴谋，国民死力反对；即欧洲如君主连令来犯，欲倾覆法之共和，亦奋身御战，卒不屈挠。我国民亦当有此决心，则约法不死，民国亦不亡。同人愿与公勉之。

（演说发表于 1917 年 6 月 22 日，原载于《中华新报》1917 年 6 月 24 日）

---

[1] 卢骚：现译作卢梭。

第四章
深耕译著，开启民智

《法兰西今世史》译序

泰西人论中国事之书，迩年以来，汗牛充栋，然盈简连牍，有惯见之二字焉，曰：Old China, Dead China。译言：老中国，死中国也。英国哲学家斯宾塞曰：社会者，有机之生物类也。吾中国乃老乎？死乎？然审思之，吾中国之老死，已不始于今日。中国盖初生而殇之婴儿也。唐虞以前之事，不可考矣。尧舜禅让，民政萌芽，夏禹传子而遽斩矣。自时厥后，民贼代兴，故吾中国尘尘四千年乃有朝廷而无国家，有君谱而无历史，有虐政而无义务，至于今日。奄奄黄民，脑筋尽断，血液尽冷，生气尽绝，势力尽消。尚何言哉，尚何言哉！

法兰西，欧洲文明开化最先之域也。自脱罗马缚束而后，虽其中分而为封建，变而为帝政，列国之所侵凌，皇王之所虐辱，然三大战之名，光耀古今（三大战者，百年战、宗教战、覆帝国战）。亡而后存，暗而后明，至于今日。共和之政，固立于上，自由平等博爱之风，大昌于下。法人自夸之辞曰：法国者，最有势力而不可破坏之国也。又曰：法人者，有如雷如电之脑气筋者也。鸣呼，雄矣。予于日本书肆捡得此书，喜其言法兰西近事最详，为中国从前著译书之所未有，急译之以饷同胞。

嗟乎！法兰西当一千七百九十三年路易第十六未伏诛以前，其困于暴君之专制，法国人民之困苦，正与吾中国今日之地位无异也。

壬寅二月晦
桂林马君武序于日本东京

（原载于《法兰西近世史》，日本福本源诚著，1900 年出版）

《自由原理》译序

　　二年前予获见弥勒氏之《自由原理》元本，且读且译，成"总论"一章。间以他事，遂尔中止。后又得见槐特氏之法文译本，名 *La liberé*，及日人中村氏之日文译本，名《自由之理》。壬寅十一月复渡日本，居东京上野之一小楼。北风已至，林木萧然，独居无事，复取弥勒书续译成之，十五日而毕。总计不过费二十日耳。近日自由之新名词已渡入中国，而其原理未明，遂多有鳃鳃然虑其有流弊者。欧文书善阐自由之原理者，莫如此书，故急译行之。词取达意，不求工丽也。壬寅十二月马君武。

（原载于《弥勒约翰自由原理》，1903 年版）

《矿物学》序

吾国所译最早之矿物学书，为英国代拿之《金石识别》，而将原文删去大半，凡关于结晶图学皆不具。盖是学颇烦赜，非口述笔译之门外汉所能明了也。

六年前居日本时，《醒狮》编辑人索文，曾译代拿书之结晶学与之。后其杂志易名，闻既登出，予未得见也。二年前，柏林学生编理工杂志，予又译德书之论结晶一节与之。其杂志中辍，予稿亦未完。其实，不明结晶学，则矿物学不可读。胡沙克之书，于结晶学论之綦详，其他亦甚简备，特译之以贡献于吾国学界。兹所定结晶学诸名词，颇费斟酌。结晶学之基础，立于是矣。予译此书，始于一九〇九年四月初，毕于本年之八月，时留学于柏林工艺大学也。

一九一〇年八月十日

工学士马君武序于柏林

（原载于德国胡沙克博士著《矿物学》，1931 年版）

《实用主义动物学教科书》序

    是书材料采于德国司瑞尔博士（Dr. Schmeil）所著书，复经予依动物学进化之次序，由简而繁，以己意增减之。其中详述动物体部构造与夫生活态度之实状，而于命名尤极审慎。列图四百二十六，彩图三十二，注重实验，尤合于中学校及师范学校之程度。

    予既因战争之阻，居德国不能归，于著《植物学》之后，赓续为此。二书相辅，冀以助吾国博物学之进步。予自二年以来，做工于德国工场，以余暇著书，每至夜深始罢。以为输进真实之科学于祖国，为予现在之唯一义务。教育界不乏通人，其或有知音者欤？

中华民国四年十二月十七日

工学博士马君武序于德国波鸿市

（原载于《实用主义动物学教科书》，1918 年版）

《民约论》译序

　　卢骚《民约论》共四卷。一八九八年上海同文译书局刻日本中江笃介汉译第一卷，名《民约通义》。一九〇二年杨廷栋据日译成四卷。日译已多错误，杨译更讹谬不能读。二年前泰东书局复刻中江汉译第一卷。故《民约论》之书名出现于中国十余年，其真书竟今不可得见。译事之难如是乎！予居北京之暇，以法文原著与英文 H. J. Tozer 译本互证，译成今完本，共费八十日。卢骚之学说，近世多受人攻击。其反对代表政治，主张国教，崇拜罗马过甚，乃至主张独裁制，尤与近世政治原则相反。然主权在民之原理，推阐尽致者唯卢骚。故其书为法兰西革命之最大原动力，历二百年不废，永为世界大名著之一，各国皆有译本。予曾发愿尽译世界名著于中国。《物种由来》《自由原理》《社会学原理》后，此其第四种也。

民国五年除夕

工学博士马君武记于上海

（原载于《足本卢骚民约论》，1918 年版）

《德华字典》序

予以民国二年冬季，复避地至德国。三年春，入柏林农科大学。学科之暇，以著此书。其后入波鸿化学工场，任工程师职。每日工作八点钟，稍有余暇，即赓续旧作，至四年秋初而毕。作此书时，以一人之力，每至夜深始罢。当时之勤苦，德国友人每赞异之。予则以为亡命异域，所以报国者，在输进西欧文明。德国文化为世界冠，欲研究其文化，当先学习其语言。吾国旧有《德华字典》二种，一为山东德教士所著，多用山东俗语；一为宾君步程所著，又不完全，皆不宜于学子所用，故发愤著此书。他日吾国人学德语者渐多，合力研究德意志之文明，输入中国，是予之所望也。

民国五年八月

工学博士马君武序于上海

（原载于《德华字典》，1920 年版）

《达尔文物种原始》译序

　　达尔文以天择说解释物种原始，为十九世纪最大发明之一。其在科学界之价值，与哥白尼之行星绕日说及牛敦之吸力说相等，而对于人类社会国家影响之巨大，则远过之。复摘录毕生研究所得，著为本书，于一八五九年十一月二十四日出版。至今举世推尊达尔文为进化论之初祖，其理历久愈明。故本书之价值，无俟赘述。今所欲言者，则予译此书之一段小历史而已。

　　予最初译本书前之略史一节，载于壬寅年横滨《新民丛报》。次年复译本书之第三章及第四章为单行本，流传甚广。乃续译第一、二、五章，并略史印行之，名《物种由来》第一卷，于一九〇四年春间出版，至一九〇六年再版。次年予游学欧洲，遂无余暇复顾此书。至一九一六年归国居北京，颇欲续译之，成数页而止。直至一九一八年，服役于广东无烟火药工场，所新制火药既成功，颇多闲暇，乃续译第六章至第十五章，凡七月余而毕。复检视第一卷旧译，则错误太多，惭愧几无以自容。盖是为予二十二岁时所为，于博物学既无所得，英文亦多误解。旧译既不可复用，乃将前五章重译之，又历三月余乃脱稿。重译此书，几费予一年之精力。所以不惮烦以为此者，盖以补予少年时之过。且此书为全世界文明国所尽翻译，吾国今既不能不为文明国，为国家体面之故，亦不可无此书译本。予固知自民国成立以来，国人堕落，不复读书，然国人终有悔过读书之一日，此等重要书类，诚有四五十种流行国内，国民之思想，或起大变化欤。

民国八年七月二十四日

工学博士马君武序于广东无烟火药工场

（原载于《达尔文物种原始》，1920 年版）

下编

丹青难写是精神

第五章
从顽童到学霸

从顽童到学霸

诸子方

衡臣公在平南县就幕时，东家曾纪平先生请一位阳先生教子读书，他父亲命其在阳先生书馆附读，儿童初次上学，照例要经过"发蒙"仪式，遂请曾知县代他发蒙。寻常发蒙要读《三字经》上四句书，就是："上致君，下泽民，扬名声，显父母。"其父以为这未免太俗，连《三字经》一部书也全不要他读，指定要读两部关于历史的书，就是《历朝鉴略》和《龙文鞭影》。

他六七岁的时候从汤荫翘先生，在盐道街关帝庙读书，初学做三个字的对联。有一天汤先生出一副对联叫他对，上联是"鸡唱午"，他写了下联抄在小本子上交去，对的是"鸟鸣春"。他父亲恰好去到书房，汤先生把他所对的打了双圈，给他父亲看说："这孩子很奇怪，如何对得出这三个字？"到了八九岁他就能看《水浒传》《三国志通俗演义》《今古奇观》《聊斋志异》等书。10岁在大白果巷伍家读书，所请的是赵健卿先生（即赵徵麟兄之父，1939年在柳城县大埔去世）。11岁从李九叔读书，李系临桂县秀才，乃其祖母义姊之子。

他母亲是曾经读过书的，因为家境很困难，乃自教其次子及女认字，只送他往通泉巷廖先生处读书。每天所读的书，晚上要背给他母亲听，那时他12岁，所读是书经和唐诗。后由先君带往阳朔县衙署，除了读经书之外，教他看《雍正上谕》《东华录》《大清律例》等书。又教他抄许多的"例案"，因为当时他家中最严重的是生活问题，先君教之读律，实在是想他继承父业，仍就学"刑钱"，容易得到出路。

但他在阳朔县衙署时，曾经陷入堕落的泥途，常摘未成熟的柚子来吃，先君恐其生病，颇为之担心，因此屡加责备。后来知道他一个人去爬山，或去城边看漓江的河水下流，每到天将黑的时候，去捕了许多的蟋蟀，使它们相斗，误认桐油果为李子，摘下来便吃，已很不满意，况且又知道他去和县衙里一般年幼的仆人打天九牌或斗纸牌，更是不高兴。因为怕他在山上被野兽所伤，或在河边失足落于水中，他是个没有父亲的人，若有一差二错，对他的母亲不住，于是着人送他回桂，同时有一封很长的信给他的母亲，列举他在阳朔的种种行为，要他母亲严加管束。待其抵家后，他母亲即大施夏楚，遍体都是伤痕。

经过这一次的重创，他竟能深自悔改，下了一个很坚定"拼命读书"和"立志做人"的决心。其后到陈允庵舅祖家中，和陈彝初表弟读书，由陈俊卿、陈月三两表叔教读。陈府花园有一座书楼，藏书颇多，楼下有一厅，就是他与陈彝初表弟读书的地方。那时他最喜欢读的一部书，叫作《读书乐趣》，又有一部《快雪堂法帖》，他时常取来临写，花园中所种芭蕉的叶，就是他写字不费钱买的纸。十三四岁在西门街张善庭先生家中，从伍连城先生读书，是年能做整篇的八股文章，将他父亲所遗下的书读完。每天上学和下学的时候，并不虚耗光阴，手中拿着袁了凡《纲鉴》或《圣武记》或其他的书，且行且读。嗣从况晴皋、龙伯纯两先生问学，那时况先生在太和塘前街万少石先生家中教读，他往万府经过王城的时间，手中也是拿着书阅览，可见他对于"拼命读书"一语，的确是能够实践了。

（选自《马君武先生的家世及其事略》，原载于《桂林文史资料》第43辑，桂林市政协文史资料委员会编）

父亲的影响伴随一生

廖中翼　王　觐

1885 年（清光绪十一年），马衡臣就平南县署幕友职，携四岁的幼子君武同往。那时，平南县知县曾纪平，聘了一个姓阳的老师到县署教儿子念书，衡臣就叫君武在署附读，请纪平为君武发蒙。从此，君武就在县署西花厅一间小屋子里开始读书了。

照当时的惯例，发蒙读书，是要读《三字经》的，衡臣反对读《三字经》，要君武读《历朝鉴略》。他反对的理由有几点，他说，《三字经》开头两句是"人之初，性本善"，《三字经》认为人性本来是善良的，不学不教，渐变为恶。有的人认为人性本恶，因教育、善良风俗、道德各个关系的影响，才变恶为善的。人性本善、人性本恶这个问题，至今还是没有定论。照这看来，《三字经》这本书，开卷就有问题。再谈《三字经》上"教不严，师之惰"这两句话，老师教学生，一定要严，学生才有成就吗？我以为教人有所成就，在于"循循善诱"，不在乎严。还有，《三字经》上有"上致君，下泽民，扬名声，显父母"这些文句，读书是专为"扬名声，显父母"吗？真是俗不堪耐。一句话，《三字经》这本书，问题太多，不应该叫小孩子开始上学读这种思想不正确的书。因为衡臣反对小孩子上学读《三字经》，君武就和《三字经》没有见过面。

这就是君武的"发蒙"，与当时一般小孩子的"发蒙"，大有不同的地方。君武说过这么几句话，他说："我的父亲，从来没有骂过我一句，父亲所说的话，都是和蔼的话，都是鼓励我们读书成才的话。"衡臣对君武不骂不打，这就是他的"教人有成就，在于循循善诱，不在乎严"这种思想的表现。1885年，距今是七十多年了，在七十多年以前，衡臣就有这么一套理论，有这些个独特思想，这不能不说是他的智慧过人。在君武长西大的时代，有人说："马君武学业有成，做事有办法。遇着不易解决的问题，有时有他的独到见解，这不是偶然的，这与他的父亲聪明、精干——遗传有关。"说这个话，不是无因的。

（选自《马君武逸闻逸事》，原载于《桂林文史资料》第43辑，桂林市政协文史资料委员会编）

马君武的读书生涯

廖中翼　王　觐

1887年、1888年（清光绪十三、十四年），马君武读书的地方，是在桂林盐道街关帝庙，教他的老师，是汤荫翘。1891年（清光绪十七年），君武跟着他的祖母住在桂林大白果巷伍家，伍家请了一个姓赵名健卿的在家教几个孙子读书，君武就随着伍家几个孩子一块，受业赵健卿门下。不久，君武又随着他的祖母搬到车井巷李九家中居住，李九是临桂县一个秀才，君武就在李九门下读书。1892年（清光绪十八年），君武离开他的祖母，和他的母亲同住，那时，君武已经是11岁了。他的母亲姓诸，名淑贞，虽然是能看书识字，可是还不能教人读书，于是就把君武送到通泉巷一个姓廖的那里去受业。从此，君武白天到通泉巷听教，晚上在家，就由他的母亲课读。

1887年（清光绪十三年）到1892年（清光绪十八年），君武所读的书，都是"四书五经"和"唐诗"这一类旧书，君武读书的方法，是生硬地接受师传，朗读、强记、背诵，没有什么足资记载。只有一点值得叙述的，就是君武在盐道街关帝庙荫翘那里读书的时候，有一天，荫翘出一副三个字的对子，要君武对，对子是"鸡唱午"，君武想了一想，提起笔写三个字"鸟鸣春"。荫翘看到对的是"鸟鸣春"，惊异万分！即在"鸟鸣春"右旁打了几个双红圈。后来，荫翘见了马衡臣说："一个六七岁的小孩子，能够想出'鸟鸣春'来对'鸡唱午'，这不能不说是奇怪！你好好地教养这个孩子，我看他必成大器。"衡臣听了荫翘这些话，也称赞"鸟鸣春"这三个字对得工稳。

马衡臣于 1890 年（清光绪十六年）5 月 9 日，在马平县逝世，那时，马君武才 9 岁。由 9 岁到 12 岁这三年当中，君武孤苦伶仃，随着他的祖母和母亲穷愁度日。1893 年（清光绪十九年），他的舅父诸嵩生来到桂林，看到君武母子这样贫苦，就把君武带到阳朔去读书，借以减轻君武母亲的穷困，因此，君武的读书地点，就由桂林迁到阳朔了。君武在阳朔所阅读的书籍，当然离不开经书，除经书外，嵩生还要他浏览《雍正上谕》《大清律例》这一类书籍，还叫他抄录一些"例案"，这就是想君武继承父业，学"刑钱"，容易谋生。可是，君武不但对读这些书不感兴趣，就是读经也没有什么成绩。同年（1893 年）9 月，君武由阳朔又回到桂林。

马君武从阳朔回到桂林后，就在桂林后库街他的外舅祖陈允庵家中，随同允庵的孙子彝初一块读书。读书的地方，是在陈家后花园北边一座藏书楼下的中厅。教君武读书的，就是他的表舅陈俊卿和陈月三。允庵，是广西抚署的第一幕宾，平日喜欢购置图书。因此，藏书楼所收藏的书籍、图画、碑帖很多，俊卿、月三又不是每天来教他们攻读，君武就有机会常到藏书楼上翻阅书籍，有机会找出许多名人碑帖，时常临写，君武常说："我在陈家阅读书籍最多，其中有一部书是我最爱看的，名叫《读书乐趣》，临写碑帖也最多，我时常拿来临写的，就是一部《快雪堂法帖》。"

这时，君武读书的方法，就不是生硬地接受师传、朗读、强记、背诵，而是读书求解，渐次进入自动地钻研阶段了。后来，君武旧学有成就，这都是在陈家读书一年中打下来的基础；君武的书法刚劲，也就是得力于陈家藏书楼上的那些碑帖。君武在陈家读书，仅一年，即到西门街张家搭馆。在张家设馆的，姓伍名连城。马君武受业伍连城的门所，进步很快，不到两年，将他父亲马衡臣所遗下来的书籍通通读完。他不仅是读书很多，还能够做整篇的八股文章和整首的试帖诗。那时君武所喜欢阅读的书籍，是袁了凡的《纲鉴》和《圣武记》。马君武当时的年龄是十三四岁。

马君武在陈允庵家中读书和在张家搭馆的时候，与龙伯纯相识。伯纯，是一个研究中国旧文学的人，喜欢接近青年，尤其是喜欢接近好学的青年，龙伯纯见马君武这么样勤学，就常与马君武交谈，并鼓励他好好地读书。不久，龙伯纯又介绍马君武和一位研究中国旧文学的况晴皋认识。马君武见龙伯纯、况晴皋学问渊博，就想拜他们做老师，他们对君武说："你这么样好好学，前途未可限量，你要有什么质疑问事，你尽可常常到我们这里来，和我们谈谈，我们替你解答就是，何必师生。"马君武于是遇到学问上有疑难的地方，即向龙伯纯、况晴皋请教，得到他们的帮助很多。这么一来，君武虽不是龙伯纯、况晴皋的门徒，也是他们的私塾弟子了。

康有为第一次来桂林，在景风阁讲学的时候，龙伯纯、况晴皋曾劝马君武前往听讲，马君武接受他们的劝说，常去旁听。康有为第二次来桂，成立圣学会，在圣学会朔望讲学和庚子拜经，马君武必定去听康有为的讲授，从不缺席。可是，马君武没有拜过康有为的门，是跟着康有为的高足龙伯纯、况晴皋去听康有为的传道，所以不能说马君武是康有为的门生，只能说君武在康门读过书而已。

甲午以后，清改行新政，废弃科举，兴办学校，广西也就开办了一个体用学堂，校址设在桂林。该校学科，分为两个部门，一为经学史学，二为英文数学。马君武前往投考，得取录。入校学习英、数。经学史学，系由该校主教唐景崧主讲，唐景崧讲授经史时，间常讲演时事，讲演清廷腐败、中国有被列强瓜分的危险等，讲得非常动听，因此，君武有时也去听唐景崧的讲课。君武入体用学堂不到二年，英、算两科成绩大有进步，因成绩优异而益发奋读书。景崧见君武聪敏而又好学，认为君武是可造之才，对君武另眼相看，君武得到唐景崧的垂青，就认为唐景崧是他的知遇恩师。

马君武听唐景崧讲政治，谈时事，受到了唐景崧的熏陶，他感觉到朝政日非，非出外求学、得有高深学问，不足以言改革，不足以救国，于是不待体用学堂毕业，于1900年（清光绪二十六年），即走广东，入了法国教会所创办的学校——"石室"，学法文，不到几个月，他的学业进步，真是一日千里。

1901 年（清光绪二十七年）7 月，马君武出国，留学日本，考入日本西京帝国大学工科，学工艺化学。1906 年（清光绪三十二年）毕业。翌年（1907 年），转学德国，考入德国柏林工业大学，学冶金，成绩优异，得工学博士学位。1911 年（清宣统三年）毕业回国。

（选自《马君武逸闻逸事》，原载于《桂林文史资料》第 43 辑，桂林市政协文史资料委员会编）

马君武的苦读与勤读

廖中翼　王　觐

马君武的勤苦读书，可以从两个方面来说明，一系从他的个性方面来叙述他的勤苦读书，二系从他的家境方面来叙述他的勤苦读书。

（一）从马君武的个性叙述他的勤苦读书。有人说，马君武生而好学；也有人说，马君武儿童时期就喜欢读书。这两说都不是事实。君武四岁在平南发蒙以至 11 岁在桂林车井巷李九门下受业，这七年之中，他从师四人，除汤荫翘称赞君武用"鸟鸣春"对"鸡唱午"对得好，认为君武特别聪明外，并没有听到那三位先生说过君武生而好学、儿童时期就喜欢读书那些话，就是荫翘所说的那些，也只是称赞君武聪明而不是说他好学。

马君武在通泉巷廖某那里读书的时候，是白天上学，晚上在家内他母亲课读的，他母亲课读最严，每天晚上，手中拿着一根竹制板子，叫君武把白天所念的书，从头至尾背诵一遍，不许背错，背错一个字，头上就是一竹板，若是错得过多，那无情的竹板子，就劈啪劈啪连续不断地打了下来。这一点，君武自己也谈过，这当然不能说他是儿童时期就喜欢读书，而只能说他是苦读。

还有，君武跟着他的母舅诸嵩生在阳朔读书的时候，他不仅对于《雍正上谕》《大清律例》这类书籍不感兴趣，就是读经书也毫无成绩。他在阳朔县署的住室，是嵩生公事房后面的一间房。嵩生到公事房办公，每日的时间不多，马君武每天读书，就是混时间，就是应付他的舅父：嵩生一到公事房，君武便开始读书；嵩生一离开公事房，他就把书放下，跑到外面去爬山。

山前山后果园最多，他不等果子成熟，摘下就吃，吃了不够，还装满口袋带回家来，园主都知道君武是县署师爷的外甥，对他也不干涉，也不告诉嵩生知道。有一天，马君武看见有一家果园内一株一株的又大又黄的果子，他很高兴地摘下来往嘴里送，园主告以"这是桐油果，不可以吃"，他吃了一半，才把那一半扔掉。园主恐怕君武乱吃果子出毛病，要受嵩生的责备，就把君武吃桐油果这件事情透露了一点出来。嵩生知道君武爬山、吃桐油果这些事实，就禁止君武外出。

那时，君武是十二三岁，正是儿童最爱乱跳乱蹦的时期，君武既不能出外做爬山、摘果子吃这些活动，又不愿意好好地静坐后房读书，怎么来消磨岁月呢？于是就和县署内一般衙役、仆人的儿子打天九，斗纸牌赌钱。不久，嵩生知道君武在县署内赌钱打牌，非常生气，本来带君武到阳朔，是想教育他成人，现在他这么不听话，不要好，实在是没有办法再把这个责任负担下来，于是写了一封信给君武的母亲诸淑贞，数出君武在阳朔爬山、摘果子吃、吃桐油果、打牌、赌钱一些不学好的事实，把君武送回桂林，要淑贞严加教管。

淑贞阅读这封信后，拿起竹板子将君武狠狠地打了一顿，打得君武浑身疼伤，躺在床上，呻吟不止。君武的妹妹看见哥哥挨了这样一顿毒打，走到床前，百般安慰，劝他改过，望着君武身上伤痕累累，两泪交流。君武听到他妹妹这一番恳切规劝的话，大为感动，也泪如雨下地对着妹妹说："好！我从今以后，痛改前非，用功读书。"从这一系列的事实看来，当然不能说君武儿童时期就喜欢读书，更不能说他是生而好学。

现在谈谈君武的勤苦读书。君武从阳朔回到桂林，第一个读书的地方，是在他的外舅祖陈允庵家中。允庵藏书楼上的书籍，大部分他都翻阅过，允庵家中那许多的碑帖，也都取来阅览，择善临写。他每日不是读书，就是写字，真是手不释卷，笔不停挥。允庵的夫人——马君武的外舅祖母看见君武这么样地用功读书，就非常喜欢他，把他当自己的孙子看待。吃饭，就叫君武和她的孙子陈彝初坐在她的旁边，同一块吃；晚间，就叫君武睡在她的卧室前房，这就说明了君武在陈家很勤学。

君武离开陈家到张家搭馆，跟着伍连城读书，一二年内就能成篇，就读完了马衡臣所遗留下来的书。平时一边走路，一边阅读。他遇有疑难，就去向龙伯纯、况晴皋求教以及到景风阁、圣学会（西华门爱经善堂）听康有为的讲学，手眼总不离书，从没有见过他左右顾盼和空着双手走路的。还有，君武入体用学堂读书，寄宿校内，不管是什么朋友或同学到宿舍来找他，他总是只和那个朋友或同学谈几句话，然后就找一本书递给那个朋友或同学，说："这本书很好，你看着吧！我俩一同看书，都不空费时间，两得其益。"嗣后就闭口不言。他的一班朋友或同学，见到君武这样都说："马君武是个怪人。"日子久了，大家都能谅解他，都说他真是勤苦读书。有事找他，说完话就走。没有事，也就没有人去和他聊天，妨碍他的用功读书。

1913 年 7 月，马君武从天津搭英国太古公司的盛京轮到上海，在旅途中，都是手不释卷地阅览科学书籍。这一次，与君武同船的有中华书局经理陆费逵。费逵说过这么几句话："旅客乘船看书，多半都是看小说，唯有君武不同，我和他同了四天的船，除了我两人谈话的时间外，没有见过他凭窗远眺，也没有见过他躺着休息，他总是手拿着一本书，一页一页地翻阅过去，真不肯虚费一分钟的时间。他所看的书，不是小说，而是奥国学者费罗卜波飞氏所著的《工业政策和农业政策》。"

1925 年，君武在北京任司法部总长，住在养蜂夹道的时候，有一次，廖中翼到他家里去谈天，君武正在东厢房——他的书房看书。廖中翼就一直走进他的书房，只见书架上堆满了图书，书桌上书卷狼藉，内中有几本西文书籍，就问："还有时间看书吗？"君武说："我每天必须挤出一点时间来阅读书籍，我不仅是读书，还得译书，一面读，一面翻译。以前，我译书字数每日是 3000 字；现在我部务在身，能翻译多少，就是多少。"这些事，都是从君武的个性方面说明他的勤苦读书。

（二）从马君武的家境叙述他的勤苦读书。1890 年（清光绪十六年），马君武的父亲马衡臣在广西马平县逝世，君武就随同他的祖母，跟着他母亲诸淑贞同住的时候，生活已经是艰苦不堪。生活是怎样的艰苦呢？淑贞向成衣铺领一些衣服来缝衣边，向爆竹店领爆竹到家中来插引线，接些衣服替人家洗濯，借此来维持一家的生活，晚上，在一盏光如萤火的油灯下，缝衣边或插爆竹引线并监督君武读书。君武呢，除白天上学晚上在家读书外，还得抽出一部分时间帮他母亲缝衣边、插爆竹引线或替人洗濯衣服，至于吃白饭、用臭咸菜下饭、今天剩饭明天吃等，这都是最平常的事情。

再就是君武在陈允庵家中读书，允庵家中珍藏碑帖很多，君武每天择取佳本临写，每天写字，就需要多量的纸张，纸张要钱买，哪里有钱来买这么多的纸张呢？君武触景智生，陈家花园内种有许多芭蕉，就拿芭蕉叶做写字的纸，芭蕉叶上写字，非常经济，写完洗净，洗净再写，芭蕉叶既不要花钱买，一叶芭蕉又可以写多少次。还有，君武在广州石室读书，也是困苦万分，石室月收学费三元，下月的学费，本月终以前，就得如数缴纳，否则不许续学，月终将届，君武必须把下月的学费筹足，筹学费，就影响到膳费、油灯费。因此，逢每月的下旬，总是囊中空虚，只好吃烂芭蕉、冷粽子维持生活。没有钱买灯油，就在偏静马路的路灯下看书。

君武留学日本、德国的初期，都是自费，都是穷苦不堪的。在日本读书，靠投稿《新民丛报》以自给，该报的读者很喜欢读他的文章，因此，稿费收入还不算少，初入柏林工业大学，他一面读书，一面做些不妨碍学业的工，还不时翻译书籍，借做工、译书所得来的钱做学膳费并接济家用。

还有几件事情和马君武的贫苦读书有关的：君武在广西体用学堂读书的时候，认识了一个姓何名化龙号剑泉的朋友。何化龙是康门弟子，马君武曾读书康门，有这么一种关系，他二人就很相得。何化龙系榴江人，家中富有。有一次，何化龙回家乡，邀马君武同赴榴江度寒假。何化龙这个邀请，倒使马君武有些作难。一个无关紧要的邀请，有什么作难呢？上面说过，君武读书于体用学堂，是非常用功的，一个"惜分阴"的马君武，要牺牲一个很长的寒假读书，去榴江玩耍，当然是不愿意的；拒绝何的邀请，又想到自己是一个穷苦学生，要是得罪了何化龙，以后就不便求何化龙作经济上的援助，的确是不好解决的问题。马君武权衡轻重，求学要紧，借此与何化龙交厚，得到他的接济，不致中途辍学，耗费一个寒假的光阴，倒也值得，于是就接受了何化龙的邀请，到榴江住了一些时日，又与何化龙同返桂林。以后，君武手中支绌，何化龙即有所资助，这就是君武艰苦读书中一段有意思的史实。

还有，君武在广州石室读书的时候，得同乡汪凤翔（号千仞）的介绍，认识了刘子瞻。子瞻爱君武的勤学，恤君武的贫寒，就不时接济君武的困难。刘子瞻、马君武二人闲谈，每谈到清廷腐败、国将不国，马君武有时慷慨悲歌，有时愤忾交怀，刘子瞻嘉其爱国热忱，对君武益加敬重。马君武也认为刘子瞻是他的知音。

不久，君武有意到日本留学，想得到刘子瞻的支援，而素性耿耿，却又不愿启齿，几次话到嘴边，都没有出口，刘子瞻会意。有一次，刘子瞻对马君武说："好几次，你说话总是半吞半吐，你一定是有什么心思，你不妨对我直说，只要是我有能力，我一定尽我的力量来帮助。"君武据实以告，子瞻慨然应允。留学川资和学费，得子瞻的帮助，安排停当，君武于是束装东渡。

还有，1913 年 7 月，君武乘英国太古公司的盛京轮，由天津到上海，在轮船上遇着上海中华书局的经理陆费逵，也是从北方坐这条船回上海的，旧友相见，握手谈心。费逵劝君武做他的本行工作，搞工业，搞文学，君武就对陆费逵提出一个要约，说："我很同意你的劝告，我有意到德国去深造，就是手中无钱，不能如愿。我知道你们书局——中华书局出了八种杂志。这八种杂志，需要文稿很多，我想和你局订下一个契约，每一个月，我在德国翻译 4 万字，按月寄局，你局就送稿费 200 元给我。这 200 元分作两处寄送，百元汇至德国，做我留学经费，百元送我家中，做我每月的家用，以三年为期。"费逵当即承诺他的要约，抵沪，正式订约，双方照约履行。

这三件事情，都是君武穷苦读书中不可以缺的纪实。

（选自《马君武逸闻逸事》，原载于《桂林文史资料》第 43 辑，桂林市
政协文史资料委员会编）

杨妃井、绿珠井、勾漏山

廖中翼　王　觐

　　马君武留学日本，学工艺化学，留学德国，学冶金，得工学博士学位，人们都知道君武对于化学、冶金，造诣很宏；君武出国留学以前，搞旧文学，长于诗文，初到日本，常作文投稿报社，因此，人们也都知道君武文学有根底；而于君武还喜欢钻研其他科学如历史学……不仅是钻研，而且还喜欢实地考察，也就是说，君武研究学问，是细大不捐、旁征博引的。这一点，有许多人对他还不了解，现在列举几个实例。

　　马君武任广西大学校长的时候，以事，由梧州来到桂林，邀廖中翼同行。车停容县，君武对中翼说："这里有一'杨妃井'，你知道吗？"中翼答："你是不是说容县城西北有个古井，唐刘禹锡有'池北含烟瑶草短，万松亭下清风满'两句诗来咏它的那个'杨妃井'吗？"

　　君武说："是的。据旧志记载，说杨妃是容州云凌里杨皮村（一云羊皮村）人，杨皮村离容州城，有十里多地。杨妃小名玉环，母叶氏，叶氏怀孕13个月，生此女。玉环双目不开，第三天的午夜，叶氏梦一神人，用手拭揩玉环的眼睛。次日，开眸如点漆，抱在强烈日光下面，睁着两眼不动，肌如白玉，容貌美丽。后军都督杨康教她读书史，学音律歌舞，玉环绝顶聪明，所学无不通晓。时长史杨玄琰在容州摄师行事，听到此女貌美而又聪慧，用重金威胁康，求玉环为女，康畏玄琰的威势，忍痛答应了他的请求。玄琰容州长史任满，携女离容归长安，那时杨女才 14 岁，选入寿王宫，为唐玄宗十八子寿王妃，玄宗召入宫内，为女官，号太真、太宠、天室，册为贵妃。杨皮村原有旧井一个，水最冷冽，下多香草，乡人因玉环贵为皇妃，遂名此井为'杨妃井'，这就是'杨妃井'的由来。后来，有人说，'杨妃井'的水，有一个特点，喝了这个井的水，可以叫人越长越漂亮，这是好事者附会出来的话。我为这个'杨妃井'，特地到杨皮村去考察过一次，据当地人说，这个井久已湮塞，后立有'杨妃庙'来纪念杨妃。还有一个故事，杨妃的祖父，埋葬在容州云凌里，有一堪舆家路过此地，说：'可惜此坟葬得太低，若是葬高一点，出子必贵，然亦当生贵女。'堪舆家说这个话的时候，杨妃还没有出生，云凌里人都说，没有想到堪舆家这几句话竟会成验语。"

君武又说："说杨妃是容产人，你看这个话是不是靠得住？"

中翼说："史志记载很多，真伪还待考证。"

君武说："据唐书记载，杨妃的父亲玄琰，为蜀州司史，妃幼时，玄琰即去世，养于叔父家中，这就说明了玄琰并没到容州当过长史。还有，唐乐史《杨太真外传》，也有同一的记载说，杨妃小字玉环，宏农华阴人，后迁到蒲州永乐。父玄琰，为蜀州司户，杨妃生在四川，尝坠池中，后人就名这个池为'落妃池'，'落妃池'在导江县前。就唐书和唐乐史所撰外传这些记载看来，杨妃生于四川而非容产，是毫无疑问的。我曾记得苏子瞻有两句诗说：'须信杨家佳丽种，洛川自有浴妃池'，'洛'，当作'灌'，'灌'，现在四川的灌县，即唐宋时的导江县，子瞻系四川眉山人，眉山离导江很近。如果杨妃不是生于四川的话，子瞻决不会写这么两句诗，这就更证实了杨妃决不是出生在容州云凌里的杨皮村。"

车过博白，马君武又对中翼说："这里有一个'绿珠井'，绿珠，你是知道的。谈起绿珠的故事，中有一段神话，颇有趣味。绿珠姓梁，天生端丽，博白县罗村人，罗村在绿萝岭下，离县城西北 40 里的地方。越俗以珠为至宝，生女为珠娘，生男为珠儿，取绿萝岭的'绿'，配以至宝的'珠'，故命名为绿珠。绿珠的父亲梁伯，有一天到山中，听到吹笛的声音，笛声清雅，异乎寻常，他就跟踪笛声去寻找吹笛人，始终没有找着，忽闻空中有说话声，说："你的女儿喜欢音乐，我想传授她一些曲调。"梁伯认为是遇着神仙，就望空下拜。空中又说："你快回去吧！你割取西北方的长草，结成一个人形，替它穿上衣服，挂上珠翠，盛一碗饭，酌一杯酒，命你的女儿叫我的名字——茵子，三更时候，我一定到来。"梁伯回家，就依照所说的办理。三更，果然空中吹笛，笛声细微，绿珠就此学会了15个曲谱，因名她所吹的笛叫"茵子"，又叫"远归"，"远归"是仙笛名。后石崇为交趾采访使，道经博白，知道绿珠美丽而又善音乐，于是用珍珠三斛聘归，同居金谷别馆。乐极生悲，赵王伦，使孙秀向石崇索女，石崇出婢妾数十人，个个身穿绫罗，内蕴麝香，任孙秀挑选。孙秀说："服饰华美，都是佳丽。但是王所求的，是绿珠，毕竟哪一个是绿珠呢？"石崇大怒说："绿珠是我最心爱的人，你指名要绿珠，夺人之爱，这岂不是故意和我过不去吗！不行。"孙秀说："你博古通今，察远熙迩，要看远一点，不要只顾目前，你开罪赵王，有什么好处，你三思三思吧！"石崇不听。孙秀辞出，行不几步，又回来劝石崇，石崇还是不同意。孙秀见石崇这么样坚决拒绝，遂诬石崇奉淮南王允作乱，派兵讨石崇，兵临府，石崇正在金谷别馆楼上开宴，望着绿珠说："我为你得罪了孙秀。"绿珠下泪说："妾当效死在你的面前。"说罢，纵身往楼下一跳，遂坠楼死。这是绿珠一段故事，因有这么一段故事，就出了一个"绿珠井"，"绿珠井"就在绿珠出生的附近，相传喝了"绿珠井"井水的人，生女必定美艳。旧井是早已湮塞了。清康熙四十八年，知县程镳于绿萝岭下，建了一个"绿珠祠"，春秋祭祀，用以表彰绿珠。祠的旁边，有一口井，也叫"绿珠井"，其实，这个井已经不是旧日的"绿珠井"了。"

君武接着又说："绿珠跳楼身死，史书记载，说她是为石崇守节，你的看法怎么样？"

中翼说："绿珠是一个幼女，得到这么一个惨死的结果，非常可怜！这是毫无问题的。你刚才谈绿珠的小史，谈得很清楚，绿珠不仅是年轻美貌，而且是一个多才多艺的女子。一个年轻美貌、多才多艺的女子，为珍珠三斛无力反抗的关系，为旧社会的礼教——'父母之命'的关系，闭锁在金谷别馆，是不是她的本心所愿，这是大有问题的。明朗地说，她陪伴石崇住在金谷园中，是强为欢笑的，是她千古的恨事！既然她和石崇是这么的一种结合，她肯牺牲性命来为石崇殉节吗！我看，史书记载，不一定靠得住吧？"

君武说："绿珠跳楼自杀这个问题，我想分几个方面来谈谈。就现代法律方面来说，婚姻自由，是人们的一种权利，也就是通俗所说的男女结合，要出自双方的情愿，绿珠不肯做赵王的妾，是她的自由，是她的权利，是她的不情愿，这一点，我们对她，是十分同情的；一个年轻聪慧的女子，跳楼惨死，得到这么样的下场，我们对她，是深为惋惜的！假如说，兵临城下，求援无路，逃走又不可能，只有一死来维护自己的自由权，我认为这是值得悯恤的。古代尚贞节，现代也讲贞节，不过，古今贞操的范围，解释有所不同。那么，在旧社会也好，在现代社会也好，就贞操自身这一点来说，是没有什么可非难的，但是，谈到史书记载，绿珠坠楼自杀，系为石崇殉节，这就是一个值得研究的问题。大家知道，石崇官至刺史、卫尉，使客航海致富，他所以能得到绿珠，这完全是由于他的财势。他对绿珠，谈不到什么真的爱情，他家中姬妾满堂，多半是为势力金钱所胁迫、引诱而依从石崇的，在被胁从的幼女——绿珠看来，是恩是怨，不判自明。丘文庄《绿珠行》中，有这么一段歌句'不惜明珠三十斗，买得佳人如莫愁；归来金谷园中住，镇日张筵盛歌舞。手心擎出夜光珠，回视群姬等泥土；四时行乐春复春，欢矣不知天有晨'，这就说明了石崇拿绿珠作一个什么人来看待，绿珠伴着石崇住在金谷别墅，是一个什么地位。如果绿珠真如史书所载，是为着一个胁迫自己相从的人——石崇殉节，那只能说她是愚节。你的话说得很对，聪明伶俐的绿珠，会去殉愚节吗？不会的。有人说，绿珠是被石崇'我为你得罪了孙秀'这句话，一时感情冲动而为石崇殉节，我对于这个说法，也不同意。我认为绿珠陪伴石崇，已经是感到她的遭遇不良，听到石崇说'我为你……'心想又来一个赵王伦要她，'红颜薄命'，不如早死，就决心往楼下一跳。刚才说过，绿珠跳楼前说过'妾当效死在你的面前'这么一句话，'效死'是委弃生命的意思，她只说在石崇面前委弃生命，她不说为石崇委弃生命，这就证明我的看法是正确的。话又说回来，这是我用现代社会的眼光来看绿珠坠楼自杀这个问题，若是在旧社会拿这个看法去说明绿珠自杀，或者是嫌它有些扞格吧。"

路过北流，君武又对中翼说："这里有一个'勾漏山'，是在北流县东北15里的地方，山下有一'勾漏洞'。'勾漏洞'在地上，入洞，不须上山，洞外敞豁，洞内幽邃，下贯暗溪，与北流向水汇合，上穿石孔，无光透入洞中，道书称它为第二十二洞天，许多修道的人，认为这是一个炼丹成仙的好处所。因此，有人传说葛洪曾在这个洞内得道登仙。得道登仙，荒诞无稽，不必去谈论它，我想要谈的，就是葛洪是不是来过北流，住过勾漏洞？怎么有葛洪得道登仙这个传说？葛洪，字稚川，晋句容人，好学，博览典籍，尤喜欢读阅道书。晋元帝曾召他为丞相掾，以平贼有功，赐爵关内侯。他不贪恋富贵，醉仙学道，他的叔祖葛玄，曾以炼丹秘术传给郑隐，于是就学于郑隐，他得到了那一套炼丹秘术的真传，认为真有神仙。他著有《抱朴子》一书，《抱朴子》内篇中所谈论的，尽是神仙吐纳、制丹炼药、登仙得道那些东西，就传说葛洪得道做神仙。至于葛洪是不是在'勾漏洞'住过这个问题，据我的考证，他是没有来过北流的，他听说勾漏出丹砂，他看到道书记载'勾漏洞'是修道的第二十二洞天，他曾向广州刺史邓岳请求为勾漏令，邓岳不允，葛洪就携带子姬赴罗浮山，他住在罗浮山朱明洞内炼丹，有七年。苏子瞻有两句诗，也说葛洪是住在罗浮山，诗是这么样说的：'恰从神武来弘景，便向罗浮觅稚川。'此外，史书还有这么一个记载说，葛洪七年丹成，坐在赤日下面，死体解化，就入了仙籍。这就证明葛洪确实没有到过北流。说他来到北流，在'勾漏洞'成仙的，大概是因他曾有调勾漏令的请求，就误解他在'勾漏洞'炼丹成仙吧。"

从梧州至桂林，短短几天的路程，君武就谈出这么多的小故事，对于这些小掌故，他都一个一个地把它搞清楚，还加以实地考察，并有他的特殊见解，这不能不说马君武的读书是旁征博引、细大不捐。

（选自《马君武逸闻逸事》，原载于《桂林文史资料》第 43 辑，桂林市政协文史资料委员会编）

中国留德工学博士第一人

蔡定国

　　马君武九岁的时候父亲去世,一家人靠母亲做工抚养,家境十分贫困。马君武童年时也爱贪玩,读书不用心,还同别人打牌赌钱,有一次被母亲知道了,挨了一顿痛打,结果遍体伤痕,几天睡在床上不能行动,大妹和二弟去安慰说:"哥哥学好吧!这样使母亲怄气,成什么话?"马君武听了大哭一场,暗地下了决心,"拼命读书","立志做人"。从此,马君武刻苦自学,在不到三年的时间里,把二十四史从头读完,他读得很快,记忆力很强,这三年在文史方面打下了很好的基础。

　　18岁那年,马君武考取桂林体用学堂,发奋专攻数学、英语,开始接受西方科学文化,经常学习到深夜。为了避免别人打扰,他常把自己反锁在房里,独自一人静静地读书。1900年春夏到广州,入法国教会学校丕崇书院学习法语。1901年到上海,入法国人办的震旦学院攻读法语,并开始译书,靠稿费充作学习费用。1901年冬,马君武得友人资助,凑了40块银元做路费,到日本留学,在日本第一次见到了孙中山先生,对他提倡推翻清王朝、建立资产阶级共和国的主张深为赞赏。马君武在日本四年多,一面从事译著,一面参加孙中山领导的中国同盟会革命活动,一面刻苦学习,毕业于日本东京帝国大学制造化学专业。

　　1907年,马君武转入德国,入柏林工业大学攻读冶金专业,在校三年,获工学士学位。1911 年 10 月，武昌起义发生，马君武离德回国。1913 年 7 月在上海遇到中华书局经理陆费逵，谈起想再出国留学的事，苦于经济困难，陆竭力支持。两人约定，由中华书局每月预付给马君武稿费大洋 200 元，作为他赴德留学及他母亲在家的生活费用；马君武则每月为中华书局译稿 4 万字，三年为期。马君武乃于 1913 年冬第二次去德国留学，进柏林工业大学研究院研究农业，1915 年获工学博士学位，是我国留德学生得工学博士学位的第一人。

这样，马君武在青年时代掌握了渊博的知识，不仅学了工科，又学了农科，还在德国波恩任过化学工程师，他不仅自然科学知识广泛，而且文史的功底也很扎实，写了不少诗篇，还是一位著名的爱国诗人。

（选自《第一个获德国工学博士的中国人——一代宗师马君武》，原载于《桂林文史资料》第 22 辑，桂林市政协文史资料委员会编）

马君武与郑兰征

林志仪

　　中国近现代史上著名的民主革命先驱、教育家、科学家、翻译家、诗人
马君武博士，虽隶籍桂林，却出生于恭城。恭城地处广西东北隅，与湖南的
江华、永明毗邻，是个偏僻的小县；过去县城狭小，人口不多；唯依山而建
的孔庙矗立其间，红墙黄瓦，殿宇辉煌，显示气概非凡，象征文星高照。清
光绪七年六月二十二日（1881 年 7 月 17 日），马君武便诞生于孔庙东侧的恭
城县署。

　　当时马君武的父亲马衡臣作为县令的幕宾，携眷来恭城，职司刑钱，人
称马师爷。他平日很少交游，唯与县署同事郑世隆相契。郑世隆为本县绅
士，家道殷实，雅好文场丝竹、花鸟盆景，公余常邀马衡臣到家中评赏，因
彼此兴味相投，结成了知交。马衡臣薪俸微薄，除留下最低费用外，还要寄
钱奉养留在桂林的继母，生活十分拮据。郑世隆每见他有困难，必慷慨资
助。事有凑巧，同在光绪七年这一年，郑世隆、马衡臣各生一子，郑子命名
兰征。郑马两家均为首次降生男孩，自是喜不自胜，又因两家交谊较深，两
儿既属同庚，便结为同庚兄弟，自此更成通家之好。

　　幼年的马君武在恭城只住了四个年头，至光绪十年（1884 年），马衡臣
奉调平南，马君武便离开恭城随父赴平南了。后来马衡臣只在平南待了一
年，又重返恭城做事两年，马君武却没有同来，而是留在桂林念书。他聪敏

好学，十三四岁时已能做整篇的八股文，但他没有走科举的道路，而是相继入广西体用学堂习英、算，往广州石室学法文，在友人的帮助下赴日本，入京都帝国大学学习；此后，又两度赴德国留学，获工学博士学位。在日本期间，还与孙中山相识，加入同盟会，积极参与推翻清朝统治的民主革命活动。民国成立后，作为文人从政，他担任过国民政府实业部次长、广州大本营交通部长等要职，及石井兵工厂无烟火药总工程师。可是在军阀纷争的局势下，并未能实现其科学救国的实愿。后来转而从事教育，主持过中国公学、大夏大学、北京工业大学、广西大学等高校校政，为培养科技人才做出了重大贡献。

反观马君武的同庚兄弟郑兰征，却走着一条旧家子弟自趋没落的道路。他从小不好读书，不求上进，父亲去世后，继承一份丰厚的家产，只图声色犬马之娱，一班帮闲者成了门下食客，由于多方挥霍，富裕的家业也就日渐空虚了。

郑兰征既沉湎于声色犬马之中，对幼年结为同庚的马君武因久无联系，也就早已淡忘了。但马君武并未忘怀，他虽然经历了漫长的生活道路，在学术上已获得巨大成就，在政治上已居显要地位，却仍记得自己出生于恭城，记得幼年在恭城曾有一位庚兄。这也许是马衡臣感激郑世隆的知遇，生前一再嘱咐过马君武的吧。

像是出现奇迹似的，据说 1920 年的某一天，郑兰征突然收到一件大封套的信函，封面写着"广西省恭城县探交大马巷隔壁郑兰征先生台启"。拆开来看，内有一大张马君武着西装的全身照片，及两页八行书，内容除简述别后情况外，并云："弟近期将回桂林讲学，届时希命驾前来相晤；为释渴念，亦希赐寄玉照一帧。"郑兰征万万没有想到，幼年相交的老庚竟已成为声名显赫的人物，而且如此看重旧谊，感到无比高兴，立即赶赴平乐拍下自身照片（因恭城当时尚无照相馆），并请人代笔复信一封。不久，郑兰征便应约前往桂林会晤马君武。这是他们自 1884 年分别后的第一次会晤，相别已有 36 年，父辈亦早过世，乍一会见，真是悲喜交集，有着诉不尽的衷情。

马君武受传统道德教养较深，非常怀故念旧。1921 年任广西省长时，为续旧谊，还想照顾郑兰征做些事情，却因政局动荡，交通梗阻，未能实现愿望。直到 1928 年，他担任梧州广西大学校长后，仍不时想念这位庚兄。在他规划蝴蝶山校区时，见濒临抚河一带山麓，树木葱茏，环境清幽，宜于辟为河滨公园，又想到郑兰征喜爱花卉盆景，可以请他前来管理公园，以发挥其所长。果然，1931 年冬，郑兰征便收到马君武邀请他去梧州工作的信。

这时郑家已经中落，田产变卖殆尽，生活正陷入窘境，能有马君武这一盛情照顾，无异雪中送炭。郑兰征情绪异常激动，立即决定携带家眷同赴梧州。抵达梧州时，受到了马君武的热情接待，被任为河滨公园主任。在这新的环境里，郑兰征得与故交重聚，精神很振奋，工作很积极负责，把公园料理得十分整洁美观。可是为期不久，却出现了儿子不争气和家庭经济困难的问题。本来马君武是扶持他们一家过着新的生活，并希望他的儿子求学上进的，但他的儿子不走正道，嗜赌成性，把新婚媳妇的首饰都输得精光，甚至连河滨公园的花盆也偷去卖作赌本，弄得一家吵闹不宁。郑兰征靠个人有限的工资供养全家，生活也越来越困难。在这种情况下，郑兰征迫不得已，只有带着羞愧的尴尬离去，返回恭城。这当然也使马君武十分伤心失望。自此以后，马、郑两代的交情也就逐渐淡漠了。

（原载于《桂林文史资料》第 43 辑，桂林市政协文史资料委员会编，有删节）

苍茫留学路

林半觉

马先生少时尝于陈允庵家之怡楼读书（与陈家有戚谊），楼中藏书甚多，举凡经史子集，尽得涉猎。故对旧学，极有根底。光绪二十五年（1899 年），广西巡抚黄槐森（字植庭，广东香山人）创办体用学堂，适唐景崧（字薇卿，广西灌阳人）自台湾卸"总统"职归来，延聘出任山长。马先生因籍贯关系，不得在桂参加科举考试，遂入"体用"习英文算学，未毕业，即决意出外求学，以期深造。

光绪二十六年（即庚子年，1900 年）先生 19 岁，有一位薛先生立之（康南海弟子）送他旅费 30 元，遂偕邓家彦、秦嗣宗同路，由桂林离开他的老母到了广州，初入粤东石室习法文，此时最穷困，曾以香蕉充饥，夜间每在路灯下读书，但刻苦求学、努力上进之志，未尝稍懈。不久，就到上海去了，经过许多困苦又重回广州，得朋友介绍，暂时去教英文夜馆，曾读熟英文字典一本，这样的下苦功，实在少有。

光绪二十七年（1901 年）马先生 20 岁，东莞知县刘德恒请他去东莞中学教英文，他觉得自己的英文程度，只学过三个月的工夫，教小孩子还可以，中学是不行的，便毅然辞去，以免误人子弟。这种虚怀若谷的态度，真是君子，至堪敬佩。马先生再向刘知县说明想去日本留学的志愿，请他帮助，他送马先生 40 元路费，于是决定出香港，剪了辫子，买了一套很薄的洋服，搭三等舱到了横滨。先后认识汤觉顿、梁任公和宫崎民藏、宫崎寅藏兄弟，以后民藏介绍见了总理，这是马先生矢志革命的起点。

大约是光绪二十九年（1903年）秋季，才入京都（西京）帝国大学习工艺化学，在日留学时候，专靠译书、写文章维持用费，还要汇钱回国养母亲，当时以在《新民丛报》发表的文章最多。光绪三十一年（1905年），总理由欧洲到东京，派马先生和陈天华、汪精卫三人起草同盟会章程，在黑龙会会址成立同盟会，马先生首次加盟，为会中中坚分子。光绪三十二年（1906年），先生25岁，毕业京都大学，回到上海，任中国公学教务长。那时，胡适之、任鸿隽、朱经农、熊克武、杨杏佛、蒋翊武等，均是他的学生。

先生在中国公学教书时，一面努力革命活动，为两江总督端方所忌，声言要逮捕马先生，幸得岑春煊的帮助，打电报给广西巡抚张鸣岐，请他提拨了公费给马先生去德国留学，入柏林工业大学习冶金，宣统二年（1910年）毕业，得工学士学位。宣统三年（即辛亥年，1911年），回国参加革命工作，尝在湖北，和雷奋、王正廷等共同起草《临时政府组织大纲》。民国元年，南京政府成立，代表广西，出席临时参议院，并担任实业部次长兼代部长。民国2年，又赴德国柏林工业大学求深造，民国4年得工学博士学位，时先生34岁。中国人在德国得工学博士学位的，以马先生为第一人。

（原载于《逸史》半月刊第 12 期）

第六章
一生为教育苦斗

入主中国公学

过汉祥

中国公学创办于 1905 年。那时，日本政府徇清政府的请求，颁布了《取缔清、韩留日学生规则》，对中国留日学生的革命活动无理加以压制，激起全体留日学生的反对，愤然归国。近千人回到上海，在吴淞创办了中国公学。

创办之初，社会人士对一群洋服剪发的学生自办大学很不理解。清朝官吏又乱加指斥，多方阻挠，经费困难。后张謇、郑孝胥等出面维持，两江总督端方答应捐助 1.2 万元及拨吴淞镇炮台湾公地百余亩为校址，次年，又从银行借款 10 万元修建校舍。中国公学最初不设校长，只有公选干事，分管斋务、教务、庶务。后推举郑孝胥为校长，聘马君武为总教习（教务长）。

中国公学既是一个培养人才的学校，又是一个搞革命的机关。学生大都是同盟会员。如熊克武、但懋辛等都参加了广州之役，饶可权是黄花岗七十二烈士之一，廖德璠被端方杀害。中国公学也是反清人士的避难所，章太炎、戴天仇等都在这里躲避过。教员中，马君武、于右任等都是同盟会会员。马君武在中国公学任教，继续进行革命活动。随着南京、武汉等地一些革命党人被捕被杀，马君武也被端方密令追捕。后得两广总督岑春煊和郑孝胥的帮忙，乃于 1907 年前往德国留学，是我国留德学生获得工学博士之第一人。

1930 年 1 月，中国公学校长胡适辞职。校董会推荐马君武继任校长，当时马君武在大夏大学任教，婉言力辞。经校董会多次派员敦促，遂于 5 月 19 日就任中国公学校长。

马君武就职后，即调整院系，增加图书仪器；增聘有名学者担任教授，提高教育质量。中国公学原有文理、商、社会三个学院。他对理工科很重视，添置许多物理、化学仪器，将文史系扩充为文学系、教育哲学系和史地系。除文、商两院院长仍由胡适、刘秉麟担任外，聘潘光旦为社会学院院长；聘郑振铎、陈望道、洪琛、李石岑、何炳松等为教授。

其次是扩建校舍，中国公学有学生 700 余人，而学生宿舍仅两栋，只能供 400 人住宿，半数学生不得不租住民房，而且该校分两地，相距十余里，师生对授课及学习均不便。马君武就任后，向正大银行借款 7.4 万元增建校舍，于 1930 年 8 月落成。将吴淞分校并入炮台湾校舍，中国公学学生增至 1300 人，进入全盛时期。

同时，马君武还革除积弊，整顿内务。中国公学积弊甚深，总务处账目混乱，教务处如一乱字纸篓。马君武接事后，便先整顿总务处。发现会计处有巨额亏空，其原因非常复杂，有总务处挪用，有会计主任挪用，有教员挪用。学生在会计处的存款，只开收条而不入账，总务长丁某因此辞职，中国公学的风潮从此而起。

（选自《马君武在中国公学》，原载于《桂林文史资料》第 43 辑，桂林市政协文史资料委员会编）

矢忠矢信、任劳任怨马校长

过汉祥

马君武任中国公学校长的时间很短，但他做出了显著成绩，贡献不小。中国公学学生在1931年1月下旬写给于右任的信中说："马校长党中前辈，先生故交，道德学问先生知之最稔，不徒生等为之推重。唯马先生到中公后之成绩，则不能不为先生一言也。自先生就职以来，清查积账以整顿财务，建筑宿舍以扩充学额，修改办事章程以改良学校行政，延聘良好教授以增加学校声望。事实俱在，彰彰可查。校长薪金每月200元，其数在职员教员之下。学校事务，巨细必躬亲，勤苦在听差之上。举目全国各大学校长，其肯矢忠矢信、任劳任怨若马校长果有几人？"这是公正的评价。

（选自《马君武在中国公学》，原载于《桂林文史资料》第43辑，桂林市政协文史资料委员会编）

以爱与热忱，重回西大

马卫之

1939 年 8 月 7 日，我由德国经香港、海防、河内而进入广西的龙州，然后经南宁、柳州回到一别多年的故乡，到家的当天，适逢父亲岁辰，保之哥也在这天结婚，父亲喜悦之情自不待言。在定桂门的太白酒家设了寿筵和喜筵，他老人家拉着我的手，带我认识一些亲友。父亲虽患胃病，在那喜庆的日子里，他还是喝了不少三花酒。

喜庆之后，兄嫂回到他们工作的柳州沙糖农事试验场，父亲在不久之后就任国立广西大学第一任校长（1928 年 10 月，父亲曾任他创办的省立广西大学第一任校长），带病之身又担负起大学校长重任。不仅保之哥和我为他的健康担忧，就是他的一些老朋友，包括著名地质学家李四光老先生等，也曾对他流露过这种担忧的心情。但是他老人家说："有的学生望着我哭，我哪能不去……"高度的责任感和爱护青年一代的热忱，促使他置身体和一切困难于度外，知难而进地挑起校长这副重担。

在重回西大的短暂一年中，父亲的健康状况每况愈下。他平日都住在良丰校园的校长宿舍里，周末就回桂林杉湖畔的寓所，回到家中，他都是整理庭园里的花木和观察他心爱的蜂群。寓所的庭园虽然不很大，但他几乎将整个例休日都投入这方面的工作。困倦了就进屋内喝杯茶、吸支烟，然后又继缭带动，胃病像阴影般地一直没有离开过他，有一天深夜，胃部剧痛，我只得去叩邻近的开业医生的家门，请求医生来家急诊。当时正值抗战中期，桂林的医药条件很差，只能服用些止痛、治标的药，第二天，父亲又抱病回校上班。他重长西大后，常常扶病工作，1940 年 8 月 1 日，终因胃穿孔症医治无效而在工作岗位上与世长辞。

最后，谨摘录父亲在一次演讲中所提出一个优秀民族须具备的三种要素，以之和我们今天的社会生活进行对比，似不无意义：

一、道德——中国贪赃枉法的事太多了。从前的汉阳铁厂与日本的小幡铁厂，中国的招商局与日本的邮船会社都是同时办的，可是中国方面，由于贪污很厉害，以致到今日不能与人较量。广西向来惩办贪污甚严，这实在是一个救国的好道路。每个公民都应该培养好的道德，才能协助政府，完成复兴民族的希望。

二、知识——社会上往往把知识看作是青年的专有品……往往使知识脱离实际生活，士兵认不得大炮表尺，不能好好驾驶坦克……今后我们要认清，教授、学生都是国民的一分子，都应当替国家做事，国民都是站在同一战线上，不应该有什么特殊的地方。

三、体力——我从前在国外读书，看到外国学生在铁厂工作，拉风、烧炉，做得都很好，然而一些中国学生都做不来……前方打仗，是在泥水中过生活，没有好的身体就不行……广西山地很多，桂林门前就有很多的山，大家多走走山路，很可以锻炼身体。把自己锻炼成为复兴中华的勇士……中国四万万五千万人口……大家能振作起来，不强盛是没有天理的。

父亲正直的形象、豪爽的性格，对事业锲而不舍、始终不渝的精神，永远留在我的记忆里。

（选自《怀念我的父亲马君武博士》，原载于《桂林文史资料》第 43 辑，桂林市政协文史资料委员会）

广西大学二三事

马保之

　　1929 年初，我从金陵大学毕业，正值父亲在梧州创办广西大学，他要求我约两位同班同学，并邀请翁德齐先生一同到广西大学任教，并嘱咐我到上海，向德商兴华仪器公司购进一批供教学用的仪器，押运回梧州。向西大报到后，父亲指定我担任生物学助教，每周只上两个下午的课，但规定我每晚都要到教室，答复学生中有关化学、生物、数学、英文等方面的问题。我刚从金陵大学毕业，学识有限，自必得花许多时间做充分的准备。父亲还规定，助教必须住在蝴蝶山上学校的宿舍中。父亲虽然住在山下，不论晴雨、寒暑，除了假期之外，他每夜都提着马灯上山巡视课室和宿舍，经常参加学生的讨论，有时也解答一些学生提出的问题。

　　父亲的责任心很强，性格相当急躁，见到学生或教师中有时有些不对的地方，往往严加批评，受批评的往往不敢做声，他自己却从没意识到自己性格的急躁。他为官、办学都相当严肃，从不循私情，不用私人。业余时间，他常和同事、学生闲谈，有时很风趣，引起一片笑声，往往使人忘却了他严肃的一面。他的朋友黄炎培先生曾说过："马君武博士像一位幽默大师，当他轻松的时候，谈笑风生，诙谐不绝；当他严肃的时候，那分幽默感就消失到九霄云外去了。"

　　当时，我每月的薪水是 120 元，外省籍的助教每月的薪水却比我多 40

元，而我付出的精力绝不亚于一些外省籍助教，我认为应该相等。父亲向我解释：广西既穷又缺少人才，想将外省籍的罗致到广西来很不容易，外省籍的愿意来西大任教，只能用这种多给一些钱的办法来鼓励。我听后认为合于情理。父亲一贯省吃俭用，我也萧规曹随，每月薪水所得都尽量节省，每月都酌买一些营养品孝敬他。他见我能这样，也感到一些宽慰。

当时的广西通用两种语言，一种是广话（白话），另一种是官话（桂林话），他要求将讲广话和讲官话这两种不同语言的学生，混合搭配在同一间宿舍，目的在于让两种不同语言的学生便于沟通感情，不易产生隔阂，也不致形成地域观念。

父亲本身是工科出身，广西大学初创阶段对理工科特予重视。当时经费很少，他特别强调要添置一些实验用的仪器。他一贯认为，科学教育必须重视实验，决不能仅凭课本和讲授，必须通过实验，才能增加学生的感性知识，所以他经常要求、督促有关人员，尽可能地将财力用在增加实验仪器方面，尽管实验仪器价格较贵，而且要往上海、广州去采购。

每当星期日，父亲和我都极少出校，经常和学生在一起。当时广西大学只有理、工、农三个学院。后来广西发生战事，西大被迫停办，学校停办后，我随父亲去到上海，他将平日著书、译书积存的1000美元给我，要求我去美国康奈尔大学深造。父亲知道康奈尔大学作物育种系和金陵大学素有联系，所以叫我去念硕士。我于1929年10月报到，一年之后直攻博士，三年中的学费和生活费，全凭自己半工半读和奖学金来维持。1933年取得博士学位后，转往英国，在剑桥大学研究了一年，1934年回国时，广西大学已经复课，父亲仍然担任校长，虽然我到梧州看望了他，但未继续在西大工作。

回国之后，我开始在恩师沈宗瀚先生领导下工作，当时沈先生兼任南京中央农业实验所总技师，先介绍我进该所工作，后来沈先生转任全国稻麦改进所（由中央农业实验所兼办）麦作系主任，我也随他转到麦作系工作。1935年，我由实业部以农业专家的身份，被派到广西考察农业，其后又被派往台湾考察。当时我曾建议广西大学农学院从梧州迁移到柳州沙塘，因为那里有非常适合农学院的教学环境，并且已设有广西农事试验场。我认为教育、研究、推广应该三位一体地集中在一处，美国州立农学院都是采取这种体系。父亲表面上并未反对我这种建议，但心中并不赞成，只是口头不说而已。他认为一所学校分散在几个地方，在管理、教学、人力等方面都不经济。

　　（选自《永远怀念我的父亲》，原载于《桂林文史资料》第43辑，桂林市政协文史资料委员会编。马保之口述，朱裳文整理）

马校长的高远与踏实

黄荣汉

马君武先生是同盟会老会员，当过孙中山先生的秘书长，其后对现实政治不满，转而全心全意办教育，培养人才。1928 年 10 月广西大学宣告成立，为了把学生学习基础打好，西大是从预科办起的。当西大开办时，校名是广西大学，我问马君武校长，为什么西大本来是广西出钱办的，怎么不叫省立西大呢？他说，我的目标是要广西大学四个字的前面加上"国立"两个字。当然这在 1939 年确实是实现了，并且国立广西大学第一任校长就是我们敬爱的老校长。

1928 年西大开办时，办的是高中性质的预科，所聘教师按理在省内各级学校选拔也可满足要求。可是马校长所聘教师全部是他在上海请来的。记得教我们平面几何的是上海交通大学教汽车学的名教授黄叔培，教英文的是当时用英文出版《中国评论》的主编陈荫仁，教物理的是马名海教授（兼西大教务长），等等。用这样的重金（支教授级薪津和用上海大洋支付）聘来名教授，教授我们这样的土学生，有人说这是大材小用，我的体会是这些教授教起来，确实使我们学得不一样。

当时所用的教材全部是英文的，连本国地理也是英文本的（当时没有开国文课）。马校长亲自督促，他每星期至少有一个或两个晚上手提马灯，腋下挟着全校学生的成绩簿走遍每一间学生房间，对每个人进行检查。他记性特别好，他问过你一遍姓什么，什么地方人，了解了你哪科学得好哪科学得不够好，就都记得清清楚楚。他数理化英文，样样都懂，答他问的问题，想骗他是骗不过的。就在他严格督促和亲切关怀下，300多个同学学习提高得很快，每个月考后，红榜上的名字增加得很快。要是我们能这样学习下去，三年打下的基础定是十分牢固的。

可惜好景不长，就在1929年5月间，两广战事发生，西大被迫停办，马校长避难上海。

（选自《马君武先生在西大》，原载于《桂林文史资料》第43辑，桂林市政协文史资料委员会编）

西大复校

黄荣汉

1931 年广西战事平息，这时我们快要在预科毕业，想到暑假后要在上海进入大学是不容易的，为此我们向马校长提出请求，希望他回梧州恢复广西大学。他经过一段时间的考虑和向有关方面联系，通知我说，要是我能在上海召集到 20 至 30 人，就可以回去先办理科（因开设其他院系条件还不具备）。我找到了 17 个同学，同时在省内考取十多名学生，这样就在 1931 年 10 月，西大开设了第一个理学院（包括物理、化学和生物三个系），有了第一班理科学生共 33 人，同时恢复了预科。这一年我们学习得很顺利很安心。

到 1932 年快放暑假的时候，传来了使大家不安的消息，说白崇禧已决定，西大应和全省高中一样，要全部实行军训，仿照军校的形式操练和管理，到毕业时可取得双重资格（大学毕业和后备军官）。听说在西大为实行军训，马校长和白崇禧不知吵了多少架，内中情况我们当学生的是不了解的。

1932 年暑假后，我们注册入学，得由军事教官检查是否把头发推光了，然后依营、连、排、班编队，就这样我们怀着痛苦的心情忍受着三年丘八式生活，直到 1935 年 7 月毕业为止。在我们举行广西大学第一届本科生毕业典礼的时候，学校请了对广西大学的成立给予最大支持的黄绍竑主席参加我们的典礼。见到我们全体穿着灰军装、腰束皮带打着绑腿集合欢迎他时，他一面摇头一面眼角滴下了眼泪。我了解他的心情，也了解我们校长的心情！我们每个人得到两张证书：一张是理学院毕业授予的理学士证书，可惜我们这些学士们在接受证书时戴的不是四方帽，而是军帽；另一张也是得来不易的证书，是流过多少汗水，遭受过多少臭骂，忍受了多少体罚，牺牲了多少宝贵时间换来的后备军官及格证明书。

正是由于马校长同广西当局意见相左，这就惹恼了白崇禧，总想借故把马校长赶下台，而又苦无借口。但欲加之罪，何患无辞！就在1934年快要放暑假时，传来这样的一个消息，说西大的学生成绩太差，要对全校的学生进行一次甄别考试，由主讲教师进行严格出题，由军事长官进行严密监考。这样做的目的，真是司马昭之心，路人皆知。可是真金不怕火炼，我们全体西大学生在马校长亲切关怀教导下，刻苦努力，经得起考验，取得了比平时还要好的成绩，那些为想把马校长赶下台而散布的无耻谰言不攻自破。

广西当局不甘心失败，软的不成，就来硬的，硬迫马校长辞职。敬爱的马校长为了培养下一代强硬声言：我必须看到西大第一届本科学生毕业了才走，否则我死也不走！这样一硬顶，无理的广西当局也无可奈何。马校长在1935年7月看到我们第一班毕业了，还硬顶着直到1936年暑假，才被所谓"改组"西大，而被迫离开西大。

（选自《马君武先生在西大》，原载于《桂林文史资料》第43辑，桂林市政协文史资料委员会编）

马校长的气魄

黄荣汉

马校长并不是不关心政治的人，为了国家或是为本乡本土的利益，需要时他也会挺身而出的。记得 1934 年他就穿起过笔挺的西装，专程到德国去了一次，听说是奉李公德邻之命而去的。

当他回来、我作为一个学生代表乘着学校的小汽艇去接他时，看到他满面春风、谈笑风生，想来公事是办得很成功的。特别令我难忘的一件事，是他指着一只皮箱旁边挂着的用报纸包着的一包东西，对我们说，你们猜猜里面包的是什么东西？我们大家都说猜不着。他说这些东西是我从德国为西大特意买回来的，贵重得很呀！很有用的。为了避免海关找麻烦，我才把它挂在显眼的地方。我问他到底是什么东西，他叫我打开，打开一看，真把我们大家惊呆了，一个个像酒杯，大的套小的，还有一个像小碟子（电解槽），总共六十多个，共重四公斤多，这就是我们急需应用的白金坩埚。一下子购买这么多的白金仪器，恐怕当时在全国大学里也是绝无仅有的。马校长的气魄真是大，眼光确实看得很远。

从买白金坩埚这件事，使我想起马校长廉洁奉公的高尚品德。有一年在梧州，西大要购置一批仪器药品，香港兴华洋行的经理李××，把总账算起来说是多少万元，并对马校长说，照例的回头佣钱有多少千元，这是属于你的。我当时听马校长说：老李，你把那些佣钱一起算到总账去，能买到什么需要的就买什么。这种精神真使我深受教育。

（选自《马君武先生在西大》，原载于《桂林文史资料》第43辑，桂林市政协文史资料委员会编）

截留名师

黄荣汉

1937 年秋广州沦陷，梧州理工学院迁至桂林（农院迁至柳州）继续上课，但实验、实习没有开设，原因是当时的学校当局把运到的仪器、机器和药品，原箱堆放在岩洞里，以为这样最保险。1939 年暑假后，西大正式改为国立，国立广西大学第一任校长就是我们敬爱的马校长。创办西大最初的心愿一旦实现，其高兴可想而知，当我到桂林去他家向他道喜时，他没说别的，只说一句话：回去告诉大家，安心工作。在他重回西大不到一年的时间里，凡是逃难经桂林，想转往云南、四川的原在上海或北京的知名教授，都到西大来拜望他，来一个他留下一个在西大教学，那一年的西大可说是名教授集中最多的。著名的地质学家李四光带领的地质研究所，也被他留在桂林，他专门把良丰花园对面的一座新大楼借给地质所用，使李四光的地质所有了立足点，得以继续开展研究工作。

1939 年的国立西大除名教授云集外，马校长还命令各院长系主任，将封存在岩洞内的机器、仪器全部搬出来，拆箱安装起来做教学用。他对大家说，与其让这些东西在岩洞里锈坏，不如让它们炸坏好了。就这样，西大的实验、实习课全部开动起来，晚上灯火通明（发电机发电了），一派紧张热烈的学习气氛是前所未有的。

（选自《马君武先生在西大》，原载于《桂林文史资料》第 43 辑，桂林市政协文史资料委员会编）

向美国人讨回仪器

梁庆培

　　1929 年间，粤桂战争，6 月粤军攻占梧州。西大教务被迫停顿，马校长离梧。留守人员为避免兵灾，事先把贵重仪器如白金杯、精密显微镜和天平等，寄存在梧州思达医院（该院由美国人办，即现在梧州市工人医院），想借美国人的势力来加以保护。

　　1931 年 5 月，粤军退出梧州，同年 9 月 15 日，西大在梧州正式复课。在复课前，有关人员要取回寄存在梧州思达医院的贵重仪器，但在该院点收时，大小四个白金杯不见了。该院的领导人以为中国人可欺，态度骄横，蛮不讲理，企图抵赖，意欲侵吞。马校长知道后大怒，派出精干人员，根据事实，力辟其诈，为使国家免遭损失，不怕事体扩大。该院的领导人自知丢脸，答应在香港把原物交回，但必需严守秘密，实质是不要把他的臭名宣扬。西大派出的交涉人员，亦允其所请。此事就这样了结了。

　　事后，马校长偶与知内情者忆及此事，辄唏嘘无已，深叹当时国力之衰微，任人宰割，一片忧国心情，溢于眉宇之间。

　　（选自《忆马君武校长二三事》，原载于《桂林文史资料》第 43 辑，桂林市政协文史资料委员会编）

风趣马校长

梁庆培

  马校长一向言谈庄重，这多为人所称道，然有时也幽默风趣，却鲜为人知。1935 年 6、7 月间，中国六个学术团体来广西南宁开联合年会。当各专家、学者先后到达梧州集中赴邕时，一天下午，马校长在当时梧州的洞天酒家设宴欢迎（那时我被派为接待员）。斟酒后，马校长即起立致欢迎词，其中妙语连珠。如"明天诸位乘轮溯西江而上，此江水混浊如泥浆，不过请各位注意，此水来自邻省"，话音一落，就引起哄堂大笑。又如"各位开会完毕，欢迎到桂林玩玩，'桂林山水甲天下'，诸位是否受了宋代诗人范成大之骗，广西全不负责"这句风趣的话，顿时又引起大笑，并且掌声雷动，席间欢乐气氛，达到高潮。马校长即举杯请各位代表畅饮，宾主尽欢而散。

  （选自《忆马君武校长二三事》，原载于《桂林文史资料》第 43 辑，桂林市政协文史资料委员会编）

锄头主义兴西大

欧正仁

广西过去没有大学，直到 1927 年，广西省政府才决定创办广西大学，推黄绍竑、马君武等 11 人为筹备委员，以黄绍竑为委员长，马君武为校务主任。开始在梧州蝴蝶山一带建筑校舍。所以选定梧州为校址，因那里的水、陆、空交通方便，每日上下午有不同班次的轮船开往广州、香港，有民航直达广州，如中山大学教授兼任西大教授，每周可坐民航班机往来授课。

西大于 1928 年 10 月 10 日开学，马君武任校长，盘珠祁任副校长，白鹏飞教授兼校务长，马名海教授兼教务长，蒋继伊任总务长，开学时有预科学生三百余人。这时办的虽是高中性质的预科，但却从上海聘请教授来校任教，如马名海教授兼教物理，原在上海交通大学任教授的黄叔培教平面几何，《中国评论》英文版的主编陈荫仁教授英文。教授薪津均像上海一样用大洋支给。但 1929 年 6 月由于粤、桂战争，梧州被粤军占领，校务停顿，马君武不得不回到上海。

1931 年 5 月，粤军退出梧州，广西省政府电请马君武回桂继续主持西大校政。马君武回桂后，再成立理学院，并于 9 月 15 日开学，有本、预科学生五百余人。在开学典礼上，马校长致辞说："广西大学成立了，从此有了自己的大学，不必去省外读书了。广西是经济贫困、文化教育落后的省份，首先办实用科学，所以设立理、工、农三个学院，今年先招收理学院的学生，明年起招收工科和农科的学生，以培育建设广西必需的人才。现在所请的是知名的教授，希望已招收的第一届40名学生，勤奋读书，不要辜负广西父老的希望。我们提倡锄头主义来建设美好的校园，有了锄头主义才能有强健的身体，才能担负建设广西的任务。"

马校长说到做到，学生在三年当中，填平蝴蝶山的坎坷，挖出个大操场，所有路旁的树木都是学生栽的。人人爱护林木，没有损坏的行为，所以树木成活率很高，从1928年到1929年，为时不过一年，从1931年恢复到1933年4月，时间亦不到两年，前后开办不到三年，就把一座荒山野岭建设成为幽雅安静而又秀丽的校园，不亚于金陵大学的校景。这是马校长精心筹划的结果。

1932年9月又扩大院系，理学院分为数理、化学、生物三系。另成立农、工两学院，农学院设农、林两系，工学院设土木工程系，后又增设机械工程系和矿冶专修科。马君武兼工学院院长，盘珠祁兼农学院院长，马名海兼数理系主任，林炳光为化学系主任，费鸿年为生物系主任，谭锡鸿代理农学系主任，叶道渊为林业系主任，苏鉴轩为土木工程系主任。后来又将数理系分为数学、物理两系，张镇谦为数学系主任，谢厚藩为物理系主任。后又多次从省外聘请知名人士如竺可桢、费孝通等来校讲学，学校形成一股良好的学习风气，学生人数激增。

（选自《马君武创办广西大学始末》，原载于《桂林文史资料》第43辑，桂林市政协文史资料委员会编）

马君武的抗战主张

欧正仁

马君武重返西大不久，沈阳"九一八"事变发生，日军占领了东北，接着进攻上海，发生"一·二八"事变，全国形势极为紧张。当此战云密布、国难当头的时候，高等教育究竟以什么为目标呢？马君武说："学些什么本领去'收复失地'，去'复兴中华民族'？这也就是目前中国新青年责无旁贷的工作。所以，西大近年来就确立了三项教育目标，使青年学生具有：一、科学的知识；二、工作的技术；三、战斗的本领，以达到救国的大目的。"他认为："保卫中华，发达广西，是我们立校本意；为国牺牲，为民工作，是我们来学习的目的。"因此，他号召"西大学生一致团结起来，拿书本、拿锄头、拿枪炮去救国"。

马君武认为，日本之所以敢于侵略中国，就是因为我国科学落后。日本人用科学上的新知识、新方法改良武器，有飞机、重炮、坦克、毒气，而我国军队用的仍是几十年前的旧器械，以"肉弹"去对抗敌人的"钢弹"，因而一败涂地。他说："如果大家不能从科学和知识上求出路，那么一辈子是毫无救药的。"他多次强调，要具有科学知识和懂得新的生产方法，才可以改良和提高工农业生产，才可以富国强兵。

因此，他想方设法使学生毕业以后能运用最新的科学技术，为广西为中国努力生产，他教导学生"要学一种工作的技能，姑无论是粗工或细工，金工或木工，或造林或畜牧或种植。而现在到处都是给我们生产的机会。"他提倡学生毕业以后努力搞成一个小小的樟林，养樟蚕、制樟脑之类的事业，也是有"出息"的；而拿着毕业文凭去找省主席或厅长要差事干，是"绝路一条"。他在校内发起"锄头运动"，要学生拿起锄头，参加建校劳动和社会生产劳动。一方面养成刻苦耐劳的精神，另一方面也可以取得一些报酬以增补生活费用。他认为，学生只有大脑和两手并用，才能成为工农的领导者、工程的建设者。

为使学生学会战斗的本领，马君武主张军训。他说："国联既不可靠了，只能靠自己。我们要靠自己的力量，才能收复失地，就得全国一致武装起来……全国一定要实行武装，受军事的训练，我们除了全国武装外，别无第二条生路。"又说："我们此刻实行军事训练，是万分必要的，我们军训的目的就是准备敌人来的时候，能够指挥民团作战，守住我们的广西，不要等到敌人侵入后，临时手足无措。我们要保护我们的土地和人民，不能不如此准备。"西大学生有时对军训不满，马君武在纪念周的多次讲话中，都从抗日救国大局着想，谆谆教导，希望学生认真接受军训。

西大学生当时过着军事化的生活，穿的是灰色军服，扎皮带，戴军帽，缠绑腿，每天吃三餐，由号兵吹号召集，列队入席。外宿的学生很少，大多是在校内住宿，晚间在宿舍里自修，有时要搞夜间演习，生活很朴素，很有纪律。马君武对学生管理很严，犯了错误第一次出示警告，积三次警告为一小过，三次小过为一大过，满三次大过即开除学籍，因此学生生活严肃，作风正派。

（选自《马君武创办广西大学始末》，原载于《桂林文史资料》第43辑，桂林市政协文史资料委员会编）

遭遇白崇禧排挤

欧正仁

西大的军训教官态度粗暴，经常打骂学生，而且任意延长"三操两讲"的时间，妨碍教师的授课及学生学习。马君武坚持教学原则，对军训教官的错误做法严予批评，因而引起军训教官的不满。当时在西大负责军训的是少将汪玉珊，有一个大队长是上校吴良弼，他们两个在军队里跋扈惯了，想怎样干就怎样干，教授上课的时间常被占用，功课授不完，学生深夜紧急集合演习，睡眠不足。

某日，上课时间已到，吴良弼还在操场集合学生"训话"。马君武叫人打钟上课，意欲使吴良弼知趣散队，但吴良弼充耳不闻，仍大训其话。学生不耐烦了，有人叫一声"上课去"，就一哄而散，吴良弼喝止不住，就跑到校长办公室，责问是谁打钟、破坏军训的，马君武说是他叫打钟的，并严厉批评了吴良弼。吴奈何不了马君武，便由汪玉珊密报白崇禧，说马君武破坏军训，还在社会上散布同样的谣言。

1933 年 5 月 1 日，广西举行省行政会议，李宗仁从广州赶回参加，吴良弼在会上大谈军训，马君武接着发言，大意是：学校有讲文事的，也有讲武事的，在大学里实行军训，就是要文事中也讲点武事，这样做，可能造就一些文武俱备的人才出来，好得很！但这并不等于要在学校里放弃文事专讲武事，如果专讲武事，那就把文事学校统统改成武事学校，岂不干脆？白崇禧当天没有出席会议，事后当然有人截头去尾地又向他告密。这样一来，白崇禧更认为马君武反对军训了。

另外，马君武对白崇禧的"三自""三寓"政策，即所谓"自卫、自治、自给""寓兵于团、寓将于学、寓征于募"的做法曾多加指责和嘲讽。比如，白崇禧一次在会上大谈"三自""三寓"，马君武却说："广西无棉花，拿什么来织布？没有布，拿什么自给？"因此，白崇禧对马君武怀恨在心，就加以排挤，要撤换马君武，但又碍于他在国内的声望很高，深受学生爱戴，师出无名，不敢贸然行事，于是采取突然袭击的手段，要举行一次甄别考试：每班要考四门学科，要由教育厅派人来出题目，如果学生考试成绩低劣，校长要负主要责任。马君武对自己的学生是相信的，同意考试，但不同意由他们出题目，要他们把学生所读的书本都看过，才有权出题。后来，只好由学校和教授出题目，但考试时他们却安排梅花点座位，每个教室有数人监考，气氛很紧张。考试结果，除极少数人不及格外，大部分学生平均分数都在70分以上，一部分学生平均分数还达到90多分。

难关虽过，但马校长不去职，白崇禧是不甘心的，于是又多方刁难。为了缓和空气，马校长说："等第一届毕业生拿到了我签发的毕业证书，我便走人。"但当局一计不成，又生一计，下令要第一届毕业生于暑假期间在南宁办补习学校，为升大学的学生补课，试教有成绩，合乎教师标准的才派工作，否则一律不派。故在举办毕业典礼之后，学校选派了11个毕业生赴邕举办补习学校，招生不到3日，报名的已超过800多人。补习学校设数学、物理、化学、生物四科。教育厅日日派人监视，授课80日，学生个个满意，成绩卓著，这样才一一分派工作。后来，马君武坚持到第二届本科毕业，第一、二届共培育出大学生149人。其中第一届29人（计数学系5人，物理系7人，化学系10人，生物系7人）。第二届毕业生120人（计数学系3人，物理系1人，化学系14人，生物系1人，农学系24人，林学系18人，土木工程系33人，采矿专修科26人）。

到1936年6月，广西当局为了赶走马君武，又订出什么《高等教育整理方案》改组西大，规定校长由省府主席兼任，设秘书长，由校本部统辖各学院。并将省立师范专科学校改为西大文法学院，留在桂林，也打算将省立医学院改为西大医学院，而将理、工两学院并为理工学院，与农学院仍设于梧州，又任命朱佛定为秘书长兼文法学院院长、李运华为理工学院院长、盘珠祁为农学院院长、戈绍龙仍为医学院院长。

当时，马君武请求改任他为理工学院院长，白崇禧不准。马君武曾对学生周百嘉（现任广西农学院教授）等人说："我一生做了许多工作，都是别人求我做的，只有办西大才是我求别人。创办时，我求黄绍竑多拨经费，1931 年请李宗仁恢复西大。现又向李、白请求，我可以不当西大校长，当一个理工学院院长也行，但他们不答应。"马君武没有办法，只好在当年 7 月沉痛地离开广西。

（选自《马君武创办广西大学始末》，原载于《桂林文史资料》第 43 辑，桂林市政协文史资料委员会编）

科技兴校

欧正仁

　　1939 年夏，国民党政府改广西大学为国立大学，任命马君武为校长。马君武因上次白崇禧免去他西大校长职务，心中不满，表示不干。由于各学院师生派代表前去敦请，欢迎他重长西大，他才欣然允诺。他回校那天，师生们欢欣鼓舞，燃放鞭炮，如过佳节。当时西大校本部及理工学院已迁桂林雁山，马君武接事以后，仍根据过去的教育方针，积极进行改革，精简行政机构，废除了秘书长制，恢复了教务长、训导长、总务长制度并遴选名教授充任，还减少行政人员，节约经费开支，经过改革整顿，校务蒸蒸日上。

　　为了将课堂教学与科学实验结合起来，使学生既学会基础理论，又懂得科学技术，马君武掌管西大以来，很重视图书、仪器之添置。他不惜重金，想方设法大力购买，至 1932 年止，仅仅理化仪器，就用去毫洋（银币）40万元，其他各系的仪器还不计算在内。因此，教学工厂及实验室内，摆满了精密仪器，如机械系有各种车床、刨床、电焊机；电工系有各种电动机、变压器；矿冶系有矿物标本千余种、岩石标本五百余种，有矿山测量仪器、偏光显微镜，还有选矿机、试金炉等；农学系有计算机、容量测定器、稻米脱离器、碾米机、孵卵机等；生物系有德制的显微镜、实体显微镜、显微摄影、摄影机、各类切片机等；仅化学系就有各种药品、仪器五百余种，共三万余件。

1934年马君武去欧洲考察时，不惜重金从德国买回六十多个大小不同的像酒杯样子的白金坩埚和一个电解槽，都是很贵重的化学仪器，当时，在国内大学是绝无仅有的。物理系的设备也相当齐全，能开出力学、电学、热学、光学等八九十个实验，满足四年教学需要。另外，马君武还大量购买图书，还向北京、上海购买各种资料。康有为逝世后，康的家属有意将其遗书出卖，马君武立即派人前去接洽，花了六千余元，将康有为的遗书购运到梧州西大。1940年西大图书馆的藏书已达七万六千余册。在梧州时，马君武将图书馆和物理、化学、生物实验室的设备和人员配备齐全，不论白天晚上和假日，教授、学生随时都可到实验室研究和实习。生物系学生在搞切片标本时，都可以多搞一些留给自己以后做科研之用。各系还特别做了可以上锁的柜子，里面放着高倍显微镜和解剖显微镜，方便学生的科学实验。此外，西大农学院还在梧州三角咀办了农场，里面有水田、鱼塘、果园、牧场等，还在对河的火山后和八宝塘建立了林场。西大工学院也办了工厂，使学生能深入实际，为教师搞科学研究创造良好的试验基地。

但是1936年夏西大改组，马君武被免去校长职务以后，不几年，西大理工学院也从梧州迁到桂林雁山。由于没有实验室，一部分仪器都露天摆着，日晒雨淋，损失极大；另一部分仪器据说是为了避免日机轰炸而收藏在山洞中，受着湿气的侵蚀，有的已经生锈损坏。1939年西大改为国立，马君武再任校长的时候，看到这种情况，非常痛心。他一贯重视图书、仪器，认为没有充裕的图书、完备的仪器设备，就办不好理工科大学。因此就与营造公司签订合同，在雁山本校修建了图书馆、物理馆、化学馆、机械室、材料试验室、电机室、矿冶室及学生宿舍，还拨国币十余万元增购图书、仪器，并将藏在山洞里的仪器搬出来应用，全校师生非常满意。由于平、津、穗、汉等各大城市已沦陷，当时的桂林成为文化城，各地学者专家纷纷迁来桂林，马君武经常敦请他们来校做学术演讲，西大师生研究学术的空气就更加浓厚了。

（选自《马君武创办广西大学始末》，原载于《桂林文史资料》第43辑，桂林市政协文史资料委员会编）

罗致人才

欧正仁

马君武办学，既重视科学实验，也重视解决师资问题，他大力聘请学者专家担任教授，广西大学刚开办时只有预科学生 300 人，就聘请了教授 13 人，绝大多数是留学归来的名教授，如马名海、白鹏飞、黄叔培、曾昭桓、蒋继伊、黄方刚等。后来，还重金聘请国内知名的数学家段子燮为理工学院院长，金锡如教授（现任重庆大学副校长）为工学院院长，聘请东北大学第一期土木系留美学生王廷相为土木系教授，东北大学第一期机械系留学生曹继贤继任机械系教授，曾任武汉大学物理系教授的潘祖武和张其浚任物理系教授。应聘来校任教的还有北京工大毕业的孙顺理、孙文彬、刘志信等。对于一般教学人员，马君武大都是只重德才不重资历，只要有真才实学，他都不拘一格，大胆使用。按照常规，只有大学毕业生才可担任助教，当了若干年的助教并具备一定条件的，才可以提升为讲师，马君武却从中学教师暑期讲习班中选拔考试成绩最佳的大学肄业的教师来校任助教，还破格聘请中山大学数学系两位优秀毕业生来校担任讲师，而对不称职的、学生很不满意的教师，在学期结束以后就不再聘用。当时，由于地方偏僻，外地有名望的教授都不肯来桂，纵然来了也仅逗留一年或半载就离开。

马君武深知广西文化落后，人才缺少，要改变落后面貌，非及早培养省内自己的人才不可。为了解决师资问题，他用校款保送有培养前途的中青年助教出国深造，凡在校教学二年成绩优异者，由学校保送欧美留学三年。去留学之前双方签订了合同：（1）留学期间除照发原薪外，还可照原薪数额借款，作为学习及生活的费用。（2）学成归来，必须回西大任教，并且逐步归还借款。第二点的用意是：必回西大和归还借款，就可将归还借款转借给第二批留学的助教。逐批轮下去，就可以保送许多人去留学为西大服务了。用这个办法，于1934年和1935年先后选送出国深造的有郑建宣、杭维翰、汪振儒、徐震池、熊襄龙等人。后来由于广西当局对此不予重视，行之不久就停止。在马君武的推动和影响下，广西当局不得不于1936年、1937年两年送两批学生留学英、美，叶培、余克缙、秦道坚等十余人都是当时考取出国留学的。

马君武对培养师资有全局观点。他高瞻远瞩，考虑到广西和全国林业建设方面的长远需要，反复动员原生物系讲师汪振儒到国外去改学林业。汪教授回忆说："我原是生物系毕业的，研究兴趣是植物学，1933年到西大讲授植物学、植物分类学、植物形态学和植物生理学等课程，但1935年参加留学考试时，为了国家的需要，便按照马先生的指示改学林业。他曾对我说过林业的重要性，在当时我很不理解。因为我对林业从来没有接触过，但到了外国，才感到马先生确有见解。回国以后，我一直在农林院校任教，也可以说是得到马先生培养教育之益。林业问题在新中国成立后，特别是打倒'四人帮'以后，更显得重要。回忆起马先生当时的指引，确是非常英明的。"

由于本省人才不够，为了鼓励外省教师来广西工作，西大对外省的教师特予照顾，发给优厚的工资。马君武的儿子马保之在金陵大学农学院毕业以后，和三个同学一道来广西大学做助教，马君武大公无私，从整个学校设想，给外省籍的两个助教较高的工资，马保之及本省籍的一个助教，每月的工资就比较低。他认为本省人对本省学校尽点义务是应该的，这样一来，外省教师很愿意在广西工作。尤其是对客居广西的教师，关怀备至，以最好的房子让给外省教师居住，生活上给以适当的照顾，使他们安心工作。两广事变时，马老不在校内，群龙无首，人心惶惶，当地人已纷纷外移，而外省人却走投无路，且交通阻塞，无法离开。不两天，马老由广东回来，随即召集外省籍教师，征求意见，愿留者留校，不愿者明日一起搭船去广州。那种认真负责的精神，是很感动人的。

（选自《马君武创办广西大学始末》，原载于《桂林文史资料》第 43 辑，桂林市政协文史资料委员会编）

关爱学生，助力成才

欧正仁

马君武照顾教师，也爱护学生，他在校内筹集"苦学基金"，用学校在银行存款所得利息和教职员自愿捐助的钱去接济成绩优良的贫苦学生。奖学金分六等，考试各科平均分数在 90 分以上的，可免交全部学杂、膳食、书籍费。还搞勤工俭学，在校内找些工作给贫苦学生做，一方面锻炼他们刻苦耐劳的精神，另一方面可将劳动所得以辅助生活费用，不致因家庭困难而中途辍学。

有名的大学教授秦道坚，青年时期家境贫寒，母亲无法供他上大学，他想起马校长是苦学成功的，何不去请求他给一个半工半读的机会？于是向母亲要了十多元做船费，买了一张轮船大舱票，到了梧州便写了一封申请工读的信，直接去见马君武，请求给他半工半读，并暂时准他搬进宿舍。

据秦道坚说："他把我的信接过去看了，再向我全身打量一下，然后问我考取第几？我立刻告诉他是第二名。这时他一声也不响，只见他在我的信上批了几个字：'准予注册，应交膳、宿、学、杂等费，日后再定，此致出纳会计室。'上课不久，马先生常常在晚间提着一盏马灯（油灯）、学生点名册及成绩表到学生宿舍里查房。一天晚上约在 9 点钟的时候，我因为患感冒，在室内书桌上伏着昏昏入睡了。真不巧，马校长忽然到来，轻轻把我拍醒，两眼瞪着我说：'怎样才 9 点多钟就睡了？你要好好用功呀！'一转身他便到邻房去了，我一时有苦说不出。我请求工读的事他就一直没有批下，当时会计主任诸先生因为公事公办，每月结账时便送给我一条子，催我缴纳膳、宿等费。唉，我那时多么难过呀……一直等到期考完毕，学校照例将全体学生的成绩依高低贴榜，幸好我名列第一。第二天马校长便差人送来便条，叫我到校长室见他。当我一进校长室，他满面笑容地对我说：'好，你拿这张条子去出纳会计室，把这一学期所欠之各费结清，以后好好地每天在化学室工作两小时。'我一接过这张条子，满心欢喜，原来这张条子上所写的是准我在这学期一开始便是工读生。每月津贴 20 元。这四个月所获，适足抵消一学期应缴的膳、宿等费。"

秦道坚直到现在还称马校长为"恩师"。粤、桂战争时，秦道坚流落香港，在报馆里充当一名无薪津的临时书记，亟欲赴沪继续升学，苦无分文。马君武得知后，立刻打电报叫他启程赴沪，暂寄居马家，然后介绍他到大夏大学工读。后来，还有二十多个西大预科学生到上海升学，苦无门路，马君武都亲切招待，并一一介绍到上海的大学去学习。西大复办后，再回西大学习。

现昆明铁路局科技研究所负责人梁智同志，青年时期父亲早死，得亲戚帮助考上广西大学，读了一年，由于经济困难，读不下去了，就去见马君武，说："我家里穷苦，下一年不能继续上学了。"马君武听后，便从案头上拿学生成绩表来看，对他说："明年你还是来吧，学校给你助学金。"第二年，广西当局有人想挤走马君武，要全校举行一次甄别考试。梁智考得第一名，学校发给他 250 元奖金，以后梁智就靠这笔奖金和助学金读到毕业。梁智深有感慨地说："马校长对学生的关怀和爱护，我亲身体会是极其深刻的。"

马君武不但关心学生的生活，更关心学生的学习。他在夜间检查学生的学习时，有次遇见一个学生读英语，他让这个学生念一段给他听，看读音是否正确；遇到学生在演算数学题，他就问这个公式如何推算，并叫学生演算一个习题给他看；看到学生学化学、物理或生物学，他都照书本的内容向学生提问。由于马君武学问渊博，学生在各种学科上存在的问题，他大都能详加解答，帮助学生进步。如他当时未能解答的，就说明天晚上答复，到时真地答复，绝不欠账。因此，他对几百个学生中谁勤奋谁不勤奋，学得怎么样，都了如指掌，正因为如此，学生中没有一个人敢偷懒。

西大规定，每晚7点到11点，值班的助教必须在宿舍回答学生提出的各种问题。马君武也常到学生宿舍巡视，学生向他提问，他都要学生先去问辅导老师，辅导老师不在，他才亲自解答。另外，他还向学生了解教师在教学上存在的问题。有一晚，他检查苏宏汉的有机化学笔记本，发现有好几处空格，一问，才知道是教授讲课太快、写黑板时也抹得太快，学生赶不上。以后提了意见，那位教授上课讲得慢了，写黑板时也等学生抄完了才抹去，从而提高了教学质量。

马君武对成绩好的学生非常爱护。秦道坚在大学三年级时因研究以稻草制造无烟火药稍有贡献，曾为文发表于中国科学社出版之《科学月刊》中（1934年），马校长便向政府申请，发给他一笔奖金和一张奖状，并请他在学校里做一次公开演讲，这使他本人及同学都得到很大的鼓励。次年，秦道坚在化学系毕业，成绩第一，学校曾特制金质奖章一枚赠给他，还留他在化学系任助教。后来他考取了国家的留学生赴美留学，回国时原定是到中山大学执教的，但一到香港，便接到马校长先后打来的电报，由香港广西银行留交，要他无论如何回广西大学化学系任教。这是马君武逝世前两个月的事。

（选自《马君武创办广西大学始末》，原载于《桂林文史资料》第43辑，桂林市政协文史资料委员会编）

爱生如子

公　盾

1939 年秋天，我转到广西大学读书。当时广西大学校址是在距桂林四五十里远的良丰西林公园，环境幽雅。由于校长马君武的名字，曾经吸引了许多青年前来就学。

马君武校长给人最深刻的印象，就是毫无校长的架子，他每天总是划出一定时间接待要同他面谈的学生，不但在他的办公室，还常常是在他家里，有时是在晚上。与其说他是德高望重的校长，不如说是师生员工的亲人。他虽然当过官，而且职务不低，但丝毫没有官僚习气或摆什么架子，说他是生活在学生群众之中并不过分。他不但关心学生的学习，同时也很关心学生的生活。当时，他年纪不到 60 岁，由于饱经风霜吧，却显得有点老态龙钟，脸上已有皱纹，说话声音不大。

当时许多学生因为战争关系，家庭经济来源困难，甚至断绝。但在广西大学申请助学金却相当容易，因为马君武校长常常公开说："国民党官府人员贪污一笔就成百万元，我们即使在发放助学金方面手松些，多给学生又何妨呢？"正是基于这个观点，他对学生的请求援助几乎是有求必应。

（选自《马君武二三事》，原载于《桂林文史资料》第 43 辑，桂林市政协文史资料委员会编）

铁骨铮铮马君武

公　盾

　　那时每周全校性的周会（又叫"纪念周"）差不多都由马校长自己来主持。"纪念周"举行得很别致。大家知道，当时一般蒋管区都要举行"纪念周"，读"总理遗嘱"是由主持开会的人读一句，学生跟着读一句，马君武并不这样，他是自己读，边读边议，对着孙中山像发议论。有一回他面向孙中山像，始喃喃后大声说道："孙总理啊，你去世快15年了，你瞧我们中国还是这么混乱！哪儿是中华民国，是中华官国呢！"停了一下，他面对孙中山遗像又说："你死得太早了！"就这样，这个周会，都由他发议论说下去。他叫学生要用功，他要学生用功，可别像他的孩子一样，到德国读医学，结果却学音乐去了。他说中国现在这么乱，读什么音乐呢？

　　马君武不是马克思主义者，也不是"左倾"分子。但由于他本身是个名副其实的科学家、学者，因此他喜欢一些有真才实学的人来任教。当时他聘请了张志让（在"七君子"事件时任首席律师，当时的复旦大学教授，新中国成立后任最高法院副院长）、张铁生（当时在桂林国际新闻社和生活书店任职，德国留学生，国际问题专家，新中国成立后在中央联络部任领导工作）、董维健（第一次国内革命战争时在湖南工作，曾被反动派关入监狱多年，抗战开始后不久在郭沫若领导的第三厅工作）等人来校任教。当时马君武受到各方面的冲击，要他解聘这些教授。针对上述情况，马君武公开提出

"党团退出学校"，当然他在这里指的是国民党、三青团应当退出学校，从而受到了当时学校广大进步师生的拥护。

当时，桂系派了成百个国民党军官来西大任军事教官，他们实际上是来监视学生思想行动的。由于当时广西大学在地下党的领导之下，左派学生力量占压倒优势。军事教官除了给一年级学生搞军训外，还要参加全校学生每天早晨举行的升旗"仪式"，每次都要点名唱"国歌"，但唱歌时下面总是鸦雀无声。

军事教官的头儿很不满意，写了一张"呈文"要辞职，他把辞呈递交给马君武校长。在一个星期一的周会上，举行仪式后，马君武叫为首要辞职的军事教官到台上来，把辞职书交还他说："你先向学生们读一读辞职书吧！"这位军事教官只好向全体学生从头到尾念了一遍，大意无非是每天升旗都没有人唱"三民主义，吾党所宗"的国歌、很苦恼等，因此要辞职。他念完以后，马君武校长向学生们很诙谐而又很严肃地说："军事教官吃饱了饭，职务就是每天带你们升降旗的，你们体谅他，就唱国歌，你们能唱的就跟着唱唱吧！"学生哄堂大笑，有人甚至鼓了掌。接着他又转向军事教官说道："他们不唱，你们也不唱吗？你们有几十个人也可以唱嘛，你们成百人唱起来不是也成了唱歌队吗！"下面学生又一次发出笑声。接着马君武对教官像发命令地说："把辞职信拿回去吧！我交代学生帮你唱了。你瞧这事我算是给你处理了，辞职信拿去。"那个军事教官的头儿不得不当众向马校长敬个礼，把辞职信接回去。他万万没有想到，马君武会这样处理这件事，弄得他很尴尬。礼堂又一阵哄堂的笑声和鼓掌声。

有一回，国民党教育部派了个督学来广西大学视察，要向全体教授、副教授、讲师、助教以及全体职员讲话。马君武叫人布置，让全校教职员在一个大会议室参加这次会。他在会上给大家介绍：这位是教育部派来的×督学，现在就请他讲话吧。×督学讲了不久，马君武就在主席台上打盹，后来又打起鼾来了。×督学讲完话，旁边人就摇摇马校长的身子，叫他醒过来。马君武从椅子上站起来，擦了擦眼皮，说道："×督学想讲话，你讲完了吗？"×督学点点头。马校长又问百来个听讲话的教职员："你们都听×督学的讲话了吗？"不等大家回答，他自问自答道："他爱讲，我不爱听，所以我就睡我的觉，他的讲话很像个催眠曲，让我好好地睡了一觉。"他停了一会儿又继续说道："你们想，这样的督学会讲出什么道理来呢，还不如睡个大觉好！因为他一定要讲话，我才叫你们来的，但我不想听，所以我就睡觉了。"最后他对×督学说："×督学，你回教育部就说我说的，赶快把经费拨来，否则学校维持不下去，就要关门了，闲话少说为好！这倒是正经要讲的话。"那位督学无可奈何，当天下午就灰溜溜离开了广西大学。

马君武非常瞧不起那些抗战中的亡命派，当时抗战节节打败仗，眼看着广州、长沙等地先后沦陷。有一次在周会上，他气愤地说道："中国人特别是那些当官的，把自己看得太重要了，只知有自己，不知有他人，更不知有国家，有民族，这是要不得的。敌人近了，有些人慌张起来，说要把学校赶快搬到独山去，我主张无论如何都不搬迁……人生自古必有死，你决不能永远保存自己，与其平平庸庸地死了，不如轰轰烈烈地为民族牺牲。"

他停了一下又说："过去许多人，尤其是知识分子，常常把抗战的责任推诿给一般老百姓，这是极端错误的观念。我们不能说，打仗不是大学生的本分，而是老百姓的事情。如果这样，我们就用不着抗战了。新式武器需要有科学知识的人才能用。因而现代战争如果仅仅交给知识少的人去打，而有科学知识的人都搬到安全的地方去，那么抗战也就难于得到胜利，国家民族也就难得复兴了……"

他停了一会儿又说："我们不能说人家的死是轻如鸿毛，我们的死重于泰山。做泰山更经得起风吹雨打。我们应坐能言，起能行，不应天天都在空口念什么'忠勇为爱国之本'，而临难就想逃之夭夭，学老鼠那样钻洞，这样念那句真言有什么意思，有什么用处呢？"

他越说越激动，又接下去说："假如柳州失掉，难道再搬到昆明，昆明失掉，再搬到缅甸不成？"

最后他用非常肯定的语气说道："……因此存在搬迁的心理是没有骨气

的，我们大学生要知道对国家所负的责任是什么，不要因战事影响，便想学老鼠，这一洞不安全，就钻到那一个洞去……所以我今天要郑重声明，本校是要照旧办下去，不管战事发展到怎样的地步，本校决不轻易迁移的，敌人来这里，只有和他拼命……"

全场都很肃静地听马君武校长讲话，他的声音从慷慨激昂转到平静，全场的气氛很严肃。当时桂南的战局很紧张，但学校局面很稳定。

（选自《马君武二三事》，原载于《桂林文史资料》第 43 辑，桂林市政协文史资料委员会编）

星辰陨落

公 盾

1940 年 7 月，是科学家兼广西大学校长马君武的六十寿辰，为了对自己富有科学与民主风度的校长表达真诚的热爱，学生会与学校当局商量为他祝寿。在祝寿会上，马君武做了长达三小时的讲话，再三勉励年轻人要勤学苦练，从小打好基础，做一个对人类有用的人，做一个具有民主和科学头脑的人。这一天，学校里热闹非凡，广西大学分校、广西大学农学院也从柳州派学生代表来参加庆祝会，西林公园喜气洋洋，那水榭、亭台、红豆院，都显得格外光彩，

但就在 1940 年 8 月 1 日这一天，科学家马君武因胃病复发，下午就与世长辞了！我至今还依稀记得，当时他的灵柩停在西林公园附近，全体学生列队送他到停灵之处。由于他的去世，广西大学一时间乌云满天，黑暗的势力越来越猖狂，尤其是过了不久就发生皖南事变，进步学生走的走，被捕的被捕，虽然学生会多次率领队伍到马君武校长棺材边"哭灵"，对于已故校长表示永恒的哀悼和怀念，但是人死是不能复活的。

到了抗战后期，广西大学的情况就有点每况愈下了。我在皖南事变时离开广西大学，因为党组织通知我，当时险恶的环境是待不下去了，不走就有

被捕的危险，我什么东西都没有带，两手空空离开西林公园。但是马君武的影像却永远活在我的心中。

（选自《马君武二三事》，原载于《桂林文史资料》第 43 辑，桂林市政协文史资料委员会编）

一生为学术苦斗

林半觉

马先生生平治学途径，非常渊博，抱负极大，不拘哲学、文学、社会科学、数理化学、动植矿物、农工商业，都有深刻的研究，吾国学术尚无根底的时候，尤以自然科学为甚，所以马先生也很侧重自然科学，此种治学精神，在今日实不易得。马先生一生为学术苦斗，真是寸阴是惜。无论在轮船上、火车上，还是公余稍暇、会客时间，都常常从事译著的。他又精通中、英、法、德、日数国文字，所以他的译著极富。计译有：达尔文《人类原始及其类择》《物种原始》，密尔《自由论》，斯宾塞《社会学原理》，赫克尔《一元哲学》，卢梭《民约论》，基尔白特《微分方程》，杜本特《平面几何学》，阮荪《化学原理》《有机化学》，郎约斯丁《机械学》，何塞克《矿物学》，费里包维《农业政策》《交通政策》《工业政策》《商业政策》《收入及恤贫政策》，托尔斯泰《心狱》，席勒《威廉·退尔》等。著有《动物学》《植物学》《地质学》《德华字典》《中国历代生计政策批评》《失业人及贫民救济政策》《一个苦学生的自述》等数十种，以及各种诗文词联语亦甚多，都散见各杂志报章，可惜一时无法完全搜集。

马先生对于诗，很有研究。某次，我陪几个朋友去拜访他，席间谈起诗来，他毫不思索地把李白、杜甫、陆放翁、王渔洋、吴梅村、龚定庵的诗一首首地念出来，并且说这是 40 年前读的书了，我们真佩服他如此博闻强记。他在本刊第四期《谢无量》一文中，尝这样评论陈石遗的诗："陈石遗自命为当代大诗人，前数年过梧州，曾出示在桂林风洞山所做的诗，起首两句是：'空穴自来风，空洞本无物。'无论中外，做诗最忌重字，石遗竟连用二'空'字起头，亦足见此老的头脑中，实在是空无所有了。"

马先生极有毅力，无论读书做事，都能刻苦耐劳，他既任大学校长，还要修改广西省志稿，及重读二十四史，这些大工程，都能兼顾干去，越老越发愤。

马先生自奉非常俭朴，随时都是土布长衫，常以勤俭诚朴训勉青年学子，也不时叙述他过去苦学的情形，所以对于贫苦、能用功成绩优异的学生，无不多多鼓励，尽量设法帮助。民国 28 年，他的大公子保之博士结婚，他送一联帖云："勤俭是立家根本，诚实为做人初基。"可谓佳话。

（原载于《逸史》半月刊第 12 期）

马君武的翻译生涯

公 汗

马君武是我国民主革命时期的政治活动家、教育家、爱国诗人，也是一位著名的翻译家。他原名道凝，字厚山。原籍湖北省蒲圻县。1881年7月17日（清光绪七年六月二十二日）诞生在广西恭城县署，曾寓居"山水甲天下"的桂林。

他青年时代，最初受到康有为、梁启超的影响，康有为到广西讲学时，他成为康有为的忠实门人。当时康有为在桂林讲《大同书》，他因景仰康氏，遂改名同，号君武。他19岁考取体用学堂，专攻数学、英文。后入震旦学院学习法文。1901年，马君武赴日留学，学习化工。在日本他接触了许多西方新思想和学说。这时他一边热情地参加反对清王朝的革命活动，一边积极地从事翻译活动。这个时期他陆续翻译了五种四册介绍西方新思想的著作，这就是：（1）斯宾塞《女权篇》、达尔文《物竞篇》合刊（少年中国学会1902年版）；（2）斯宾塞《社会学原理》（少年新中国社1903年版）；（3）达尔文《天择篇》（上海文明书局1903年版）；（4）约翰·弥勒《自由原理》（日本译书汇编社1903年版）等，均列入"少年中国新丛书"出版。此外他还译过一本《法兰西近世史》（日本福本诚著，上海普通学书室出版）。马君武的上述译著，实际上是严复1898年翻译《天演论》以后在社会上掀起的介绍进化论和西方政治、学术思想的热潮中取得的成果之一。马君武的译作，虽然不像"严译名著"那样有名，但是因为适应了社会和读者的需要，出版后的影响也不小。

1905 年他在日本京都帝大毕业，回国后创办中国公学，担任教育长职务。后因清官府两江总督端方指名追捕，1907 年马君武逃往德国，入柏林工业大学学习冶金。在德国留学时期，他翻译了两部数学著作，一部是《温特渥斯平面几何学》（科学会编译部 1910 年版），另一部是德国季培特著《微分方程式》（科学会编译部 1913 年版）。根据马君武的解释，西方数学传入中国可分为三个时期：第一期为明季徐光启、利玛窦的几何、天文；第二期为李善兰、华蘅芳翻译的微积分、代数学；第三期为近时留学生的多种数学教科书。马氏说他翻译此书目的在"输入新学术"。

青年时代，马君武喜爱文学，曾有《马君武诗集》（1914 年出版）行世。诗集中收有他翻译的西方著名诗人拜伦、歌德等人的诗作。最早在 1905 年，他就翻译过拜伦的名篇《哀希腊》。1913—1916 年他又翻译了歌德的诗歌和席勒的剧本《威廉·退尔》。马君武的译作曾被文学史家誉称为翻译西方诗歌有广大影响的"名译"之一。

（选自《马君武与商务印书馆》，原载于《桂林文史资料》第 43 辑，桂林市政协文史资料委员会编）

马君武与商务印书馆

公 汗

　　作为一位声誉卓著的翻译家，马君武在 20 世纪 30 年代有四部著译在商务印书馆出版。他这个时期的著译重点仍然是有关进化论和达尔文的著作。1930 年他翻译了达尔文的重要著作《人类原始及类择》（现在的译名是《人类的由来及性选择》），由商务印书馆编入"万有文库"第一集出版。此书 1932 年又收进"汉译世界名著"丛书。《人类原始及类择》一书，对人工选择作了系统的叙述，并提出人类由进化起源的理论，进一步充实了进化论的内容。达尔文的学说，以自然选择为基础，它认为生物最先始于一祖，通过物竞天择，即生存竞争和自然淘汰，优胜劣败，适者生存，不适者淘汰。进化论的出现，摧毁了唯心的神造论、目的论、物种不变论，并给宗教以沉重的打击。恩格斯誉之为 19 世纪自然科学的三大发现之一。由于马君武的汉文造诣很深，译文流畅，以专家翻译专家的著作，可谓不可多得。1933 年他又为商务印书馆的"百科小丛书"编写了《达尔文》一书，此书系统地介绍了达尔文的为人及生平，他认为达尔文在学术上得到如此伟大的成就，都是达尔文毕生勤奋的结果。他说："人患不努力，达尔文实科学界最良久模范人物也。"达尔文的进化论是自然科学的伟大发现，马君武系统地将它介绍给中国人民，以期人们从传统的迷信思想中解放出来。

　　马君武翻译的海克尔（马君武译为赫格尔）著《自然创造史》，1935 年由商务印书馆列入"万有文库"出版，1936 年又列入"汉译世界名著"中。

正如原作者在该书第一版序言中所述："自 1859 年以来，由达尔文之伟大神圣工作，已达到某发达之一种新阶段，本书之作，即所以图以其独立促进及传播更远。"1780 年"歌德以诗人预言天才，言之过早。拉马克于 1809 年虽未为同时同调诸人所知，已造成一种甚明了之科学理论，然唯赖达尔文开辟新纪元之著作，乃成为人类知识极宝贵之遗产，且由未来一切科学所赖以建立之最初基础"。1919 年 9 月 9 日海克尔逝世后，该书又由他的门人再版（第四版），这一版序言中指出，这部书曾成为著名的科普著作，在广大人民群众中广泛流传。原著第一部为进化论，第二部为普通系统史。达尔文生前曾经看到这本书，并给予极高的评价，认为这是十分难得的优秀作品，对进化论作了极其重要的严密的阐述。

马君武在从事政治活动时期，很注意国计民生的有关政策。他担任无烟火药工厂总工程师时，开始翻译维也纳教授菲里波维所著的《国计民生政策》全集。他利用业余时间翻译此书，主要是介绍和宣扬西欧资本主义制度下的一些政策和措施。马君武针对我国的贫穷落后和人民疾苦，编写了一本《失业人及贫民救济政策》交商务印书馆出版（1933 年）。在书中他认为，人民贫穷的原因有二：一是外在的，即火灾、水灾、凶年、战争、恐慌、失业；二是内在的，即个人疾病、残废、衰老、懒惰、不谙生计、儿女太多等。他认为中国社会的动荡不安，是因为"失业人数极多，政府既无积极政策消除，又无消极政策救济，即失业人非当兵即为匪，中国近十数年兵匪之数冠绝全球，社会扰乱，日甚一日，其故盖在此矣"！因此，他希望有"积极政策以图生产事业之发达，以提高人民之生活"。他很欣赏林肯的所谓"民有、民治、民享"社会，想走资本主义道路，也希望在中国推行菲里波维所提出的那一套资本主义政策和措施，认为如此，中国生产事业就会发达起来，人民生活就会逐步提高。

（选自《马君武与商务印书馆》，原载于《桂林文史资料》第 43 辑，桂林市政协文史资料委员会编）

马君武先生与戏剧改进会

欧阳予倩

　　戏剧是社会教育的工具，改良旧戏，在当前被认为是教育事业之一种。马先生以教育家的身份从事戏剧改进运动，是毫不奇怪的事。不过这个事，看起来很简单，做起来也很麻烦，因为以前的科班，除了逼着小孩子死呆八板、记忆几句旧戏之外，什么都不教给他们。所以演员们，从小就都没有受过教育，并且从小就沾染了种种不良的习惯。以习惯不良的文盲，来担负旧戏改革的责任，谁也知道是绝不可能的事。所以改革旧戏，必定要有强有力的领导者先从教导演员入手。

　　马先生认定这一点，他便设法集合许多优秀的演员，一动手就组织一个成人补习班，对他们施以相当的教育。两年的时光，成绩最好的能够写信、能够读戏本，还有的能够写简单的韵语。最不行的（或者年纪太大，或者有特别情形，不能按日上课的），也能写自己的名字。最难得是旧时戏班子的习惯，也改善了许多。这样，排起新戏来才有办法，组织也才能一步一步严密。最重要的是要使演员们逐渐明白改革的意义，自动地参加这个运动。

　　马先生以为演员们的生活不安定，改革的事便难于进行，所以他将营业收入提出一部分做他们的股，使他们逐渐把生活改善，以期经久而不败，然后才能以相当时日的积累，把改革的事业建立起来。这是绝对正确的。

　　桂戏本来已趋于没落，经马先生尽力提倡，才又渐渐恢复繁荣。自从改进会组成以后，桂戏的地位增高，演员们的社会地位也一天一天高了，而且他们的生活是比较安定的。改进会所给桂戏的好处和利益实在不少……将要被遗弃的东西，拾起来加以爱护，并付予以新的生命，使之健全而得到新的地位；被人轻视的人们，被扶植起来，使社会对他们渐加重视，这都不能忘却马先生的好意和努力。

改进会有一个特点，就是会员们绝不以营利为目的。剧团每天表演，售券的收入从没有当红利分过，除掉提取一部分奖给演员们做股而外，每一个钱都用在改革运动上。因为南华戏院被烧了以后，不能不有一个可供自由运用的剧场，最近便又东拉西凑造了一个剧场。地是马先生预先买好的，剧场的计划，也是马先生定的。如今马先生去世了，这个剧场也可作他一部分的纪念。

改进会自有改进会的事业，组织剧团，经营剧场，只是事业进行中一个阶段的办法，绝对不是商业行为。不过桂戏被提高了，看的人也多了，就不免有些富于商业头脑的先生们，便以赌博式的手段来玩班子图利，甚至于想用种种方法，破坏改进会的剧团组织，以便罗致几个比较优秀的演员。还有些主张保存桂戏原有形式的古董主义者，极力反对改革运动，便在演员当中，玩一点挑拨煽动的小花样，也是有的。尽管可笑，却也有时会引起些小麻烦。我们看这些都是题中应有之义，凡属有主张有办法的事业，有目的有路线的运动，必然会遭受种种的打击。桂戏的改革亦然，马先生提了个头，事情实在还是在开始，可惜马先生死了。

旧戏本是封建的堡垒，它常常与社会的残余封建势力相配合发生作用，有时联系得很密切。我们要从内部把这个堡垒改建，不是在短期间内容易做得到的，种种技术上的问题，亟待解决，越进展横亘在面前的困难便越多。这或者不是马先生始料所及，因为运动已经进入另一阶段了。

旧的演员求其有新的成就，到底怎样为最大的限度？新的演员应如何养成？剧本的体裁，演出的手法，表演的技术，音乐的效能，怎样才能改进？怎样才能使旧戏以新的姿态出现？

目下还只有应急的措置，根本问题虽已经接触到，离结论还远呢。可是马先生虽已去世，改进会的会员诸先生，正在积极推进会务。新剧场不久落成，桂剧当有发扬光大的一天，创业者当可含笑于地下吧!

（原载于《逸史》第 12 期）

第七章
时局中流击水

马君武先生碑铭

居　正

　　中华民国二十九年秋八月丙子，国立广西大学校长马君武先生以疾卒于桂林良丰校舍。朝野震悼，而莘莘学子，尤哀恸如丧考妣：盖其敷属于抗战建国者至巨，而教泽之感人者深也。同月十日，国民政府明令褒扬，葬之以礼。哲嗣保之、卫之昆仲，嘱为碑文，以彰先德。余与先生交凡三十余年，尝结邻于宝山之杨行乡，兹述其立身行道之荦荦大者。

　　先生讳和，字君武，广西桂林人，系出湖北蒲圻马氏世家。祖若父仕于桂，母诸氏太夫人诞先生时，感有异兆，盖已聪令夙成。先生少孤，依母教，学于陈氏怡楼，岿然露头角。初应童子试，格于籍，被屏，遂不屑于举业。从龙泽厚、况仕任、龙应中诸先进问学，以是识新旧之途辙。默察我国文化不振，非精研西学不足以致中国于富强，乃习英文、算术于广西体用学堂，习法文于广东丕崇学院。学益进。至新加坡，见康有为、徐勤等谋国是，慨然有大志，返桂举义。事败，奉母莅沪，入震旦学院，法文造诣益深。初译《法兰西革命史》，其革命思想，殆如朝曦东升。壬寅浮海抵日本，与章炳麟诸名宿创立支那亡国二百四十二年纪念会，纵横留学生界。闻国父孙先生名，往谒之。披沥所见，深蒙器许，退而语人曰："康、梁者，过去之人物也，孙公则未来之人物也。"而其时同盟会尚未萌芽，先生独追随国父，游扬翊赞。迨同盟会成立，受命草章程，任秘书长及广西主盟，《民报》主笔。

辛亥武汉首义，先生代表广西，率先赴会于武汉，与各省代表起草临时政府组织大纲。闻国父归国，诘朝东下，力主依大纲选国父为大总统，著文报端，唤起舆论，使沮尼之意也消，党议遂决。

民五国会复活，先生以参议员出席，政府提议对德宣战，本党反对，先生在议场中大声疾呼，或有挠之者，则以杖击之。虽犯议场之怒，而气不少馁。生平去恶，如农夫之务去草，尝一怒而恶人敛迹。秉刚守正，不附不阿，其忠勇有如此者。

民国元年，先生任实业部次长，时深知农业国家之不足恃，即主张建设工业，以树国本。故对于振兴工业之计划，荜路开疆，规模宏远。自后任全国铁路总公司秘书、广东兵工厂无烟药厂总工程师、交通部部长、大总统府秘书长、广西省长、司法总长。抗战军兴，任国防参议、国民参政。凡出一言，建一业，举一事，用一人，在在综覆名实，期有利于国，有益于民。己饥己溺之怀，无时不于困心衡虑中流出。先生之道，可谓纯矣。

然先生毕生用力之结晶处，则以学问为济世之本，而潜心研求。民国前六年，毕业于日本京都帝国大学。中更事变，以广西公费派赴德国柏林工业大学肄业，得工程师学位。民国初年，复至德国从事研究，授工学博士，尔时留德学生获工学博士学位者，先生实为第一人焉。以是先后出其所学，尽瘁于教育文化事业。方日本文部省取缔中国留学生事起，先生领导一部学生回国，创办中国公学。嗣长上海大夏大学、北京工业大学、吴淞中国公学，最后在梧州创立广西大学。一木一石，一瓦一椽，一几一席，悉心擘划，手胼足胝，虽在疾中，未尝少息。又尝兼任梧州硫酸厂厂长，改良出品，视德人为佳。人皆叹先生不但为工程师、工学博士、大学校长，直是一杂碎工头、劳动苦力。先生亦叹而颔之。暇则笔不停挥，每日译著，以三千字为率。其要者：译有达尔文《人类原始》及《物种原始》、斯宾塞《社会学原理》、密尔《自由论》、卢梭《民约论》、阮苏《化学原理》及《有机化学》、何塞克《矿物学》、郎约斯丁《机械学》、托尔斯泰《心狱》；著有《动物学》《植物学》《地质学》《一个苦学生的自述》及诗文集等书，尤著力于自然科学。其针对时事之言论，往往一纸出而传诵殆遍。先生之文，振聋发聩，顽廉懦立，所谓立于百世之上，百世之下，闻者莫不兴起也。总裁称之为文化先进，盖有由矣。

先生性廉介，居官不妄用公帑一文。俸薪所得，则节约储蓄，以从事于生产。故其兴农场、办工厂，皆刻苦自厉，先生无兄弟姊妹，仰事俯畜，胥赖一人。诸太夫人弃养，附棺附身，必诚必敬，而不循世俗之繁缛，至孝可风。德配周夫人生子二：长保之，次卫之。继志述事，克世其家。先生享年甫六十，弥留之前五日，保之昆仲及同学，拟为之寿，先生诫之。迨疾大渐，遗言不及私，勖子以坚忍抗战，复兴中国，发扬学术，爱护西大。循是言以观，虽古仁人之用心，何以异哉！呜呼，先生虽死，其精神直亘日月而长存，与山河而长寿矣！爰为之铭曰：兰生荆棘，不败其芳。剑没丰城，不挫其刚。先生精灵若元气，虽栖贞于石室，终不能闷潜德之流光。汉江浩浩，桂岭苍苍，缅想遗风，山高水长！

（民国 29 年 12 月）

三逢马君武

李四光

　　仿佛在年假的时候，日俄战争，正在我们东三省剧烈地进行。有一天在街上逼着宋遁初先生（即宋教仁，后来改号渔父），他笑嘻嘻地说："来，今天我要介绍一朋友。"我们比肩而行，走到一座二层楼的下宿屋（即公寓），地点在日本东京神田区锦辉馆附近。随着遁初先生走到二层楼上一个六叠席的小房前，遁初先生推开门，便看见一位穿着洋服，身材和神气，现在追想起来，一半像马保之先生一半像马卫之先生的人，正在清理书籍。我们相对微笑，点头，坐下，烤火，吃花生，闲谈，这便是我第一次遇见君武先生，那时候他有二十几岁。

　　在一个小饭馆吃晚饭，有一位朋友低声地说："孙先生已经到了，决定明天在赤坂区开会，你晓得吗？"这位朋友又说："好，我明天邀你一同去。"翌日他如期而来，我们一同坐了很久的电车到赤坂区某处（详细地名未能记忆）一座日本式的小房子。我们脱鞋入室的时候，已经看见有二三十人在座。这房子前后有两大间，侧面有一二小间，中间有小花池，规规矩矩，是一个日本中等或中上等人家的布置。在座的除孙先生以外，黄克强（即黄兴，当时都呼为庆午），宋遁初、田梓琴、居觉生、刘揆一、刘道一、曹亚伯诸先生，宫崎滔天和一位头发向左分的日本人（姓名未悉）也来与会，其余许多人中仿佛君武先生亦在其列。这一般朋友大半已经脱离了这个世界，有的姓名尚可勉强记忆，有的简直姓名和面貌都一齐忘却了。这是同盟会成立的第一天。分为执行和组织两部，公推黄克强先生任执行部部长。孙先生领导同人，各个在小房间宣誓，并填发会员证书。誓约上有"岁次乙巳……驱除鞑虏，恢复中华……平均地权……"等语，大家慷慨激昂，兴高采烈，经过大半天，会开完了。仿佛是同君武先生一同出门，一同到小饭馆吃饭。这是第二次和君武先生在一道的纪念。

经过了若干时候，同盟会开正式成立大会，地点又是在赤坂区。这次的会所，是一座木头做成的洋房，到会的有一百多人，其中许多生面孔。孙先生讲演，极为流畅，极为透彻。许多人相继发言，尤其极力诋斥当时渐渐萌芽的君主立宪议论。说到革命的实行，辩论更是纷纷，大有秀才造反之势，先生终是秉着和蔼沉默的风度，不赞一词。忽然有人提出质问，他问："我们是要排满革命，假如有满人要加入同盟会，我们怎样办？"一座为之哗然，都以为这位朋友说话太无意识。在嘻嘻哈哈嘲笑的时候，君武先生站起来直截了当地回答，他说："我们是反对卖国亡国的满洲政府，如果满人中有与我们志同道合的，我们当然欢迎。"全体鼓掌，孙先生也鼓掌。闭会后，我和君武先生一同出街，走在路上，不意遇着留学生监督李宝巽（汉军旗），他开口便说："你们小孩子不读书，在外面干些什么，我都知道，再不要胡闹！"我们转背便走，我和君武先生开了一个玩笑，我说："你去请他加入好不好？"君武先生："哈哈。"

日本政府的文部省（即教育部）要取缔中国留学生，闹出大风潮，留学生纷纷返国，君武先生、曹亚伯先生、余简斋先生等，都被选为回国纠察员，中国公学之产生就是这次风潮的结果。君武先生对中国公学，如何地热心；后来又到德国去留学，是大家都知道的事实，在此不必多述。

（选自《在辛亥革命中的马君武》，原载于《广西文史资料》第 10 期，中国人民政治协商会议广西壮族自治区委员会文史资料委员会编）

辛亥革命中的马君武

李四光

　　辛亥年八月底，革命军在汉口打了败仗，黄克强先生在汉阳支持正吃力的时候，冯国璋用大炮隔江轰击都督府（即湖北咨议局）的某夜，宋遁初先生和我们几个朋友在咨议局旁冯某（当时都呼他为冯矮子，好像号少宙，是杀革命党杀红了顶子的一位先生）公馆闲谈。遁初先生说："汉阳恐怕难支持下去，不过不要紧，听说孙先生已经回国了，南京已经到我们手中，我想明天到南京组织政府。程德荃的态度不错，不管他来不来，我想我们硬要他做内政部长，觉生做次长，主持其事；蔡鹤卿（即蔡元培，当时称蔡子民先生为蔡鹤卿）做教育部长；张季直不管他干不干，硬发表他做实业部长，不过还要找个次长来管事，你们想有什么人相宜？"我随便答道："孙先生果真回国了，君武必定也到了。我想最好是请君武；如果君武还没有到，请蘅青（石瑛先生）也是一样。"遁初先生立时说："我竟把君武忘却了，该死！好，得了孙先生的同意，我们就这样干。"

　　清室逊位，南北和议告成，黎宋卿先生要我和一位朋友到南京去接洽恢复武汉的市场。到了南京，最初看见觉生先生，翌日，到实业部去看君武先生。他穿着黑呢的德国式厚大衣，天气并不甚寒。我们握手以后，我感觉着他的手和冰一般的冷。虽然许多年不见，并无多话可讲，我向君武先生说："你为什么这样的冷？"他答："昨晚译书译到两点多钟，今早起来，怎么不冷？"

项城（袁世凯）野心暴露，孙先生的铁路事业自然干不下去，君武先生也就随着先生再负起革命的担子。吴淞炮台被我们拿来了，觉生先生在吴淞主持，君武先生和陈英士先生、钮铁生先生以及其他许多人，向各方奔走。一天，我们坐了手推车到吴淞去看觉生先生和君武先生，刚到炮台中一间小房坐下，外间炮声大作，炮台也还击，打了一阵，才发觉外间开炮的是一只德国兵船，它放的是入口时的礼炮。当时革命的武力是何等样子，可想而知。觉生先生三天晚上没有就寝，君武先生也无从找到，嗒然而返。

（选自《在辛亥革命中的马君武》，原载于《广西文史资料》第 10 期，中国人民政治协商会议广西壮族自治区委员会文史资料委员会编）

时局沉浮，痛失所爱

诸子方

　　吾家有祖遗房屋一所，坐落在桂林凤凰街，先君因多在外县就幕，乃将所分占的一部分，让君武母亲去住。不意光绪二十六年九月北门铁佛寺失慎起火，延烧至凤凰街，他家中亦被波及，所有他曾祖遗下的奏折草稿数通，写的是褚遂良字体，秀美可爱，又有他祖父手写的诗稿《短笛集》和他父亲的许多字迹，完全烧光。

　　是时他大妹亦患病而殁，仅存一使女，他要到广州读书，其母因住屋被烧，女又亡故，无论如何要跟随同去。到粤之后，主仆二人以针黹为生，后来有人延请其母教说普通话，勉强维持生活。他赴日本留学后，其使女又病殁，乃于光绪二十九年由广州迁至上海，马相伯先生派人替他母亲觅得一间房屋，在徐家汇住。徐家汇的居民，都是信天主教的，他母亲后来也笃信天主教，并设立女学一所，招生教学，征收学费，以资度日。光绪三十二年其母为之娶周女士素芳为室，因家境甚窘，亦帮同教学，以补家用。光绪三十三年生子保之，美国康奈尔大学农学博士，曾任中央农业实验所技正兼广西农事试验场场长、省立高级农业职业学校校长。民国元年生次子卫之，先后在海德堡、维也纳、波恩诸大学专攻音乐，曾任国立广西大学讲师，兼广西省艺术师资训练班教师。民国28年为其子保之授室蓝女士乾碧，并赐联云："勤俭是立家根本；诚实为做人初基。"以示训勉。

余与马先生因年龄的差别，他于清光绪二十六年就离桂赴粤，那时我还在幼稚时期。后来他往上海、日本、德国留学，常有信寄与先君，始得略知其一二。宣统三年我阅上海《民立报》，其中有一段新闻，标题是《马君武的是可儿》，内容大略说：桂林马君武在日本西京大学工科毕业后，复往德国柏林大学学习工科，现已得工学博士学位，我国在德国得博士学位的，以马君武为第一人。因此我对他的印象就更加深了。

民国元年他由实业部改组归来，那时先君及大先兄受之均健存，我又在求学时代，与他聚谈的时间，自属不多。民国6年护法军兴，他到南宁与当局有所接洽，匆匆一见即别。民国10年被任为广西省长，坚请先母等同到省署居住，见面之时较多。次年5月他出巡经过贵县，防军俞（作柏）李（石愚）欲挟天子以令诸侯，坚留其驻节在贵，他因急欲赴粤晋谒孙中山有所请示，未之许可，竟以枪炮向其坐船射击，爱妾彭文蟾女士中弹毕命，幸而他未被伤害。

回沪后，曾于其妾遗照上面亲题一挽联云："归我三年，如形影相依，那堪一死成长别；思君永夕，念精魂何处，未必来生得再逢。"其妾被击毙后，薄葬于贵县郊外。他长广西大学时，始迁葬于梧州蝴蝶山，并赋诗一首云："蓦地枪声四面来，一朝玉骨委尘埃。十年方洒坟前泪，万事无如死别哀。海不能填空有恨，人难再得始为佳。雄心渐与年俱老，买得青山伴汝埋！"挽联和诗均缠绵悱恻，哀感情深。而天性亦至孝，其母诸太夫人于民国19年（1930年）8月弃养，哀毁逾恒，丧礼不尚虚文，但棺木衣衾，则力求完美，且用防腐剂以保全遗体，故亲友多称道不置。

最后就是尝闻马先生说："我的曾祖郁斋公是苦读成名的，祖母吴太夫人常对我们说：'你们切记！不要忘记曾祖的勤苦，家中虽然穷得常时没有饭吃，也会读书成名。'"他能笃志苦学，想是在儿童时代，受过深刻教训的缘故吧！

马先生又说："我一直到九岁，未受父亲骂过一句，由父亲所听得的都是和蔼的话，和鼓励我们读书成才的话。我的母亲则大不相同，她说：'铁不打不成好钢，孩子不打不成好人。'她教我们读书的时候，手中所拿的是一块很大的板子，可谓慈父严母了。"昔者墨子见染丝而叹曰："染于苍则苍，染于黄则黄。"马先生虽天资敏慧，若不匡之以正，难免不趋于下流。他母亲这种管教方法，于教育原理固有未合，但以孀妇而抚孤儿，期望太切，自不免责之深；而马先生卒以此成就其一生之事业。母教关系之重，亦由此可知矣！

（选自《马君武先生的家世及其事略》，原载于《桂林文史资料》第43辑，桂林市政协文史资料委员会编）

同盟会章程是我起草

李墨馨

　　马君武是一位学者，他长西大时，曾刊布《一个苦学生的自述》的文章，叙述他一生治学的重要历程。他曾追随孙中山先生，以文字宣传革命，是一个同盟会员。有这么一件趣事：他长西大的时候，国民党给有一张表叫他填，表里面有"何时入党"这一栏，他在这一栏填上"同盟会章程是我起草"这一句话。这种滑稽玩世的态度，一时传为趣谈。可是，他根本是一个学者，而且书生习气很重，做大学校长是"游刃有余"的，当省长则非所长了。

　　（选自《马君武主桂政、长西大的二三事》，原载于《桂林文史资料》第43辑，桂林市政协文史资料委员会编）

文人省长，偏遇军阀流氓

李墨馨

1921年（民国10年）陆荣廷、谭浩明在广西的军政大权被推翻，7月，边防军务督办陆荣廷在邕通电辞职，退龙州，走安南，督军谭浩明、省长李静诚、财政厅长陈继祖随行。8月，粤军到达南宁及武鸣。广东总统府特任马君武为广西省长兼摄军务，于省长公署设军政处，

马君武虽长了省政又兼摄了军务，但当时入桂的粤军，大权完全掌握在陈炯明个人的手上，其军队十分跋扈，军纪也非常的坏，英明的孙大总统也无权而且无法加以整饬。同时过去桂军盘踞广东，若沈鸿英之流，任意压迫广东人民，使得群情激愤，这回粤军入桂，有些官兵抱着报复主义，所以对付广西人特别凶狠。试看武鸣的宁武庄（陆荣廷住宅）被烧掉了；谭浩明的参谋长陈继祖在贵县本乡建筑一座大洋房刚刚竣工，而粤军入境，每日都有闲游的官兵徘徊其下，拾石头来投掷窗户的玻璃，訇然有声，取以笑乐，并且在墙壁上写道："你凭借陆荣廷的势力到我地广东去铲地皮，回来建筑大屋，你现在也不得住，等老子来开张。"这可以证明随粤军入桂的官兵抱着报复主义。至于驻南宁方面的粤军，其军纪也一样的坏，霸占民房，房掠财物，殴打民众，无恶不作。

当时，省议会屡向马省长报告，请设法制止，但都无效。省议会颇疑马

君武不肯致力于这些事，因而马君武致函省议会，用讣音的方式，说道："不孝君武，不自殒灭，祸延广西……"等等的话，这虽然是极滑稽，但又极沉痛，可以反映当时军阀用事、行政长官等于赘疣。你想，处在这个局面，就是优于从政的人，恐怕也无所施其技，何况书生习气的马君武，连应付局面都成问题，还谈得上什么政治建设呢！加以当时的财政支绌，自陆荣廷、谭浩明逃跑之后，广西纸币十年来流在民间者达二千万余元，已不能通用，"巧妇难为无米之炊"，无钱怎能建设？是年9月间，民军蜂起，称自治军司令者数十，财、民两政均入武人之手，处此混乱的状态当中，真使得马君武大伤其脑筋。

马君武兼摄军务，实际自己没有部队，当时计划收编散军以及招抚绿林，作为实力，但苦于经济，也就一无所成。军事谈不上了，至于政治，其命令不特不可能达到各县，就是在南宁范围内也都受着各种的掣肘。其他勿论，且就委任县长来说，每县的县长，须由驻邕的最高军事机关任命，或由各县的驻防司令推荐，如果直接由省长委派，往往要遭到当地驻防军队的拒绝，不能接事的。

现在试举一个例证：1921年冬，马省长任命梁世昌（贵县人）为贵县县长，梁世昌衔命回贵县接任。其时，粤军驻贵县的游击司令为杨坤如，杨坤如知道梁世昌是马省长所委，事前没有取得他的同意，因此暴怒起来，要以武力拒绝。加以当时在任的县长梁英龙向杨坤如报告，说梁世昌是谭浩明的参谋长陈继祖的亲戚，他回贵县任县长，是别有企图的，杨坤如听了更发火。当时，笔者在贵县，曾亲听见杨部统领邓乃忠说过几句话，他说："即使是陈炯明派来的县长，都要取得我们的同意，马君武省长算是什么东西？他敢直接派人来接长贵县吗！如果谁敢来，我们一定把他的头扭转向来，看他是怎样。"因此，杨坤如派兵到水筏等候南宁船泊岸，准备逮捕梁世昌。好在梁世昌的家人和朋友探知这个消息，预先派人雇艇到上游离城十里的独山旁边，听候南宁船开落，过船通知梁世昌，先行逃避，船到贵县时，杨部军士上船搜查，找不到梁世昌。你看，当时的粤军这么蛮横，马君武如何能够施行他的省长职权呢！

（选自《马君武主桂政、长西大的二三事》，原载于《桂林文史资料》第43辑，桂林市政协文史资料委员会编）

蓦地枪声四面来，一朝玉骨委尘埃

李墨馨

1922 年 5 月，驻龙州的粤军撤退，驻邕粤军叶举及刘震寰部队亦先后东下，其他驻各县的粤军也都开拔回粤，这是陈炯明蓄意背叛孙中山先生的一个事前部署。马君武自己没有实力，粤军既已离邕，省长自然难以立足，于是以出巡为名，打算在梧州设立省长公署，以便与粤方联络。乃于农历四月初六日动程，专用一个电船东下。随行者有马君武的家眷、职员以及卫队等五百余人，携有各式的枪械五百余支，又有现款数万元。

次日晚，船抵贵县停泊时，驻贵的粤军早已撤离，驻防者为李宗仁的部属李石愚统领，俞作柏为帮统。据说，马君武的部属曾向马君武献计，谓到贵县不宜逗留，以免不测。马君武以为贵县、玉林的范围属于李宗仁的势力，李宗仁绝不会对他不利的，于是决定在贵县停留。当到贵县泊船的时候，马君武派卫队职员卢象荣到李石愚统领部知会，接见者为帮统俞作柏。俞作柏、卢象荣本是老朋友，卢象荣向俞作柏说："马省长已到贵县，特派我来拜望，大约明天下梧州啦。"俞作柏说："好呀！马省长已经到，何必急急下梧州，多玩几天，岂不更好。"（以上是据卢象荣口述）

到了第二天下午，统领部邀请马君武到部参加开会，据说是示意马君武不必下梧州。因为当时群雄纷起，各据一方，他们正是千方百计要求扩充实力，知道马君武拥有大批军械，而且又有巨款，他们认为正是扩充势力的好机会，于是想攫取这批枪械和金钱。可是，马君武一副硬骨头，哪里肯接受；加以书生习气未除，不接受，只是干脆地表示，更没有想出委婉曲折的办法以应付他们。

会后，马君武很不高兴地回到船上，即召集部属会谈，开头即宣布道："我们决定明天早上启程下梧州，应该准备的，各人今晚都要搞清楚呀。"正要继续谈其他问题，突然四面的枪声暴响起来，向着电船密集射击，船上的卫队也马上回击，双方激战约一个钟头，船上虽然拼命抵抗，但也无法抵挡得住，只得被迫停火了。这一役，计马君武的宾从及卫士死十余人，伤三十余人，马君武的姬人文蟾也中弹死。马君武的朋友某新由德国留学回来，他与文蟾同站在马君武的左右，均遇难，而马君武幸无恙。

停火以后，李军登船把所有物资看管，次日将枪械财物接收，马君武是晚由李军护送登岸到贵县议参会，满身血痕，赤着脚。（据说，他当时的神情还很镇定，毫无慌张状态，大约是平日学养功深，所谓"临大难而不惧"吧！）当时，由贵县议参会招呼他洗浴，并觅衣服给他换，又假榻天主堂给他住宿。有一个贵县人名李化，是教会中人，对于马君武的日常生活，照料特别周到，并且替他料理文蟾的丧葬。

这一次的袭击，据说事前没有报告李宗仁知道，就是李石愚起初也不同意这样做的，只是俞作柏极力要这样做，或说俞部的林竹舫主张最力，李石愚也不得不顺从。李石愚、俞作柏虽然是李宗仁的部属，因为自陆荣廷、谭浩明失败以后，所有的桂军散处各地，在形势上，不能不就各个适合的条件上并凑而成一军一师，实力基本掌握在营、连的手上，不一定听从上级，上级也不能一定以命令施行。李宗仁的自治军司令也是这个情况，所以俞作柏、林竹舫等以下属的地位而可以一意孤行地干下这一回事。

第二日，李宗仁知道消息，连忙从玉林赶上贵县，到桥圩的时候，遇着桥圩的绅士张策。谈及这事，李宗仁说："我不知道他们（指李石愚、俞作柏等）干了这一回事，真糟极了！我现在赶到贵县去看看究竟是如何。"说的时候，连摇着头，显露出愤慨和很不愉快的态度。李宗仁到贵县与马君武见面，向马君武表示十分抱歉，说他事前没有知道。马君武说："事已至此，知与不知，何必再说。"

据马君武对潘乃德所说，则谓这一次的袭击，是李宗仁指使李石愚、俞作柏等执行的。马君武并骂李宗仁这个举动是以怨报德。因为李宗仁当时率队投向粤军，在玉林就编，有人密报陈炯明，谓李宗仁就编是无诚意的，是另有企图的，就编不过想保存实力、待机而动罢了。陈炯明得了密报，即下令给陈炯光，把李宗仁的枪收缴。马君武知道这个消息，便向陈炯明缓颊，谓李宗仁与他有瓜葛亲，可保证李宗仁无异志。陈炯明采纳了马君武的所说，于是即由电话召陈炯光来部，面授一番，把缴枪的命令取消，李宗仁的部队才得保全。因此，马君武骂李宗仁对于他这个袭击是以怨报德，从马君武的所说来看，李石愚、俞作柏的袭击，是通过李宗仁，也很有可能。

统计马君武自1921年8月奉命到邕任省长，次年5月离邕东下，为时不满十个月，而处在风雨飘摇的当中，军阀鸱张的时代，其对于政治，实在一筹莫展。

马君武于5月向总统府辞省长职，其后到上海去。他的朋友陆费逵以前曾对他说："你是文学家、工业家，我国应该做的事多得很，我主张本位救国，你的脾气，不宜做政治生活，何不去做本行的事业呢！"这一段话，说得十分中肯，实在是对他的一个忠告之言。这一回，他离了省长职，到沪与陆费逵相见，他对陆费逵说："政治生活，真是我所不能过的，悔不听你的话。此次，种种损失，种种危险，我都不在意。可惜数千册心爱的书籍和许多未刊行的诗文译稿，完全丢了，实在令我心痛。以后我再不从事政治生活了。"这一段话，可算是他一个写真。

实际上，他除此以外，对于他的爱姬文蟾是最难忘的，看他在文蟾的遗照上所题的挽联就可以知道了。联云："归我三年，如形影相依，那堪一死成长别；思君永夕，念精魂何处，未必来生再得逢。"其后，他过贵县，又有一首律诗，是吊文蟾的，诗云："蓦地枪声四面来，一朝玉骨委尘埃。十年方洒坟前泪，万事无如死别哀。海不能填空有恨，人难再得始为佳。雄心渐与年俱老，买得青山伴汝埋。"联诗俱缠绵悱恻，一往情深。即此也可以见得马君武性格的一斑哩。

（选自《马君武主桂政、长西大的二三事》，原载于《桂林文史资料》第43辑，桂林市政协文史资料委员会编）

马君武与桂系矛盾频起

李墨馨

　　马君武是广西的老前辈，他的眼界很高，他不但把李宗仁、白崇禧、黄旭初看成是纯粹军人，不懂什么教育，就是对于当时的教育厅长也不在眼下，至于厅里面的秘书、科长、科员们那更不用问了，大有章太炎骂当时教育部的科员是"聋盲无所知"一样的气概。

　　当时我有个朋友黎达明，是马君武钟爱的学生，被委为西大附高中的主任。马君武曾对黎达明说："教育厅懂得什么东西？我的政令，就是西大的政令，也就是附中的政令，我令附中怎样做，你就怎样做，你可以不必管教育厅的什么命令。"所以马君武对于教育厅发下来的文件，他总束之高阁，连经眼都没有。但是，他有所请求于教育厅的文件，则毫不客气，大有要教育厅一定办到的意思。所以当时教育厅里面的职员对于西大的来文，有这样的一句趣话道："马君武的令文又来了。"那就可以想见他当时行政的专擅了。不过，单是这一点，李宗仁、白崇禧还是不甚计较的。

　　1932年1月，西大学生开始实行军事训练。到1935年，有某军训大队长与马君武冲突，事情是因为军训操练超过了时间，妨碍了其他授课，马君武令人叫学生回来上课。各学生平日讨厌军训，一听到校长命令叫回上课，大家就不等待军训队长解散的口令，便蜂拥起来，纷纷散队，回去上课。各军训队长把情况报告某大队长，大队长生气了，于是马上跑去见马校长，气愤地说道："军训的时候，谁竟叫学生回来？"马君武道："我叫回。"大队长道："然则不要军训吗？"马君武说："军训是规定有时候的，如果长日都是军训，学生不用再上其他的课吗？"大队长说："总司令嘱咐我们那样做，就那样做，你校长可以违背总司令的命令吗？"马君武道："哪个总司令？"大队长道："白副总司令。"马君武道："那么，你去叫他来和我说。"说到这里，那大队长不再说了，只是气愤地退出去。

据说，那大队长后来把经过情况写信报告白崇禧，并请撤换马君武的校长职。但白崇禧复信给那大队长仍谓"马君武先生，我们广西学术界的老前辈，你须要尊重他，不宜与他冲突"等等的言辞。为了避免两家再有冲突起见，结果把那位大队长他调。虽然如此，但马君武毕竟是给予白崇禧一个不好的印象了。

在1932年10月的广西党政军谈话会上，马君武抨击广西一班军人，尤其是接着廖磊讲话以后，痛斥一顿，谓军人不懂教育，蹂躏学界，同时严厉批判广西的执政，只顾军事，不顾其他，有如头重脚轻，欲行不得，情词激切，颇使当局难堪。据说，当时在座的李宗仁只好微笑，白崇禧则有些沉起面来。其后，马君武又经常背地对人批评"三自"政策说："'三自'政策，应该再加一'自'。"人问："应该加什么？"马君武道："应再加一个'自杀'。"这种态度，这种言论，无异乎对白崇禧的心胸刺了一刀，李宗仁、白崇禧怎能长此容忍下去呢！

（选自《马君武主桂政、长西大的二三事》，原载于《桂林文史资料》第43辑，桂林市政协文史资料委员会编）

白崇禧设计，马君武去职

李墨馨

1931 年以后，白崇禧逐步掌握和巩固了广西的军政实权，其对于各种措施，是不容许任何人有所异议的。到了 1935 年以后，南京政府与西南政府的矛盾日益加深，尤其是李宗仁、白崇禧与蒋介石的矛盾更尖锐化。白崇禧曾对广西军校的学生说："我剩有一支枪，我都要反蒋。"

在"六一"运动以前的一个阶段，白崇禧特别要清除与自己意见相左的人。在这个时期，西大学生有关熄电灯殴打军训队长的行为，而马君武置之不理。因此，白崇禧对于马君武的西大校长一席就非除去不可了。但明明地辞退他，很难为情，而且很不方便，于是想得一个妙计，把西大的各院分散到各处去。马君武闻到这个消息，大为愤慨，曾对西大的教职员和学生说道："西大各院是万万不能分割的，我一定要拼老命去力争，不许分割，而且期在必达目的。"他以为李宗仁、白崇禧一定还是尊重他的意见，于是先到广州去见李宗仁，说不可把西大分割。李宗仁道："这事是健生办理，你回去和他商量吧！"他于是又跑到南宁见白崇禧，请求不要把西大分割。白崇禧道："好吧，你先生说是怎样办就怎样办，不分就不分啦。"以后白崇禧便出巡各处视察。

马君武以为目的达到了，便欣然回学校。不料白崇禧是避免和他辩论，一面口头答应他，一面下令把西大改组。马君武异常丧气，而且异常愤慨，便离开西大了。白崇禧乃以黄旭初兼西大校长，实则黄旭初当校长是白去马的一个过桥和善后的策略。因为当时的学生是拥护马君武的，他人来接，一定会惹起学潮、出现障碍的。

1937 年 7 月，黄旭初应召到庐山担任训练团工作。据说蒋介石曾对黄旭初说："西大校长仍请马君武先生担任，较好。"黄旭初答道："好吧，待我回去报告李、白总副司令，然后决定。"一直到了西大改为国立，马君武才得复长西大。

（选自《马君武主桂政、长西大的二三事》，原载于《桂林文史资料》第43 辑，桂林市政协文史资料委员会编）

南京政府通缉马君武

黄荣汉

　　1931 年 3、4 月间，有一天上海各报都登载南京政府要通缉马君武的消息，我们大家都为他担心。后来我们得知，就在蒋介石发表通缉令的当天，马校长却只身到南京去吵了一顿，又安然回到上海，听说是黄绍竑做的保镖。

　　5 月间，大夏大学请马校长做了一次公开演讲，讲的内容主要是发表对当时政治时弊的抨击，我几十年来还记得清楚的有这样几句话："中华民国宪法是我马某起草的，昔日是孙中山先生的秘书长，今日是养蜂人。"

　　马校长在办教育的同时，也为广西工业，包括军事工业做出了重大的贡献。他就在西大附近创办硫酸厂和附属的黄色炸药厂。这个厂的重要性，从日本人第一次轰炸广西时，就是以它为主要目标可看出。

　　（选自《马君武先生在西大》，原载于《桂林文史资料》第 43 辑，桂林市政协文史资料委员会编）

以纯正学者之态度，抨击当前之国难

蔡定国

马君武一生中，无时不在用他那一腔浓烈的爱国之情报效多难的祖国。

1926 年 3 月 18 日，北京各校 5000 多名学生和市民，在天安门广场举行反对八国"最后通牒"的群众大会，并组织请愿团到国务院请愿，遭到段祺瑞反动政府的血腥镇压，开枪打死群众 47 人，受伤 200 多人，制造了震惊全国的"三一八"惨案。在这场惨案中，北京工业大学有三名学生殉难。身为该校校长的马君武，对段祺瑞政府的暴行极为愤慨，对死难的学生深表同情。他四处奔走，亲自找回学生的遗体，并主持召开追悼会，称赞殉难的三名学生是为国捐躯的爱国青年，号召全校师生以他们为榜样，向他们学习。为了抗议段祺瑞政府屠杀请愿学生，马君武愤而不就教育总长职，毅然离开北京，返回上海。

九一八事变后不久，马君武于 1931 年 11 月 20 日，在上海大夏大学做了题为《误国与救国》的演讲，义正词严，高呼抗战救国。报载文章评论他这次演讲"以纯正学者之态度，抨击当前之国难，极为透辟"，大大增强了大夏师生的爱国意识。

马君武面对反动的邪恶势力铁骨铮铮，一身正气。他晚年在广西大学任校长时，国民党政府要他解聘曾在"七君子事件"中担任首席辩护律师的张志让、著名国际问题专家张铁生、农民运动领导人董维健等进步教授（这三位教授在新中国成立后，都担任过党和国家的高级职务），马君武反其道而行之，不但不解聘他们，反而为他们的教学活动多方提供方便，对他们的人身安全也妥善给予保护，受到广大进步师生的支持和拥护。

抗日战争中，汪精卫卖国求荣，蒋介石假抗日真反共。马君武对他们横眉冷对，严词痛斥。在学校举行"纪念周"演讲时，作为国民党元老之一的马君武，可以说天不怕，地不怕，大骂蒋介石"根本不配预闻国事"，"是袁世凯第二"。"一·二八"事件以后，蒋介石迁都洛阳，马君武对其此举发出"致蒋介石、汪精卫电"，他在长篇电文中斥责道："国事败坏至此，论者异口同声皆曰：是乃精卫兄在武昌一年，介石兄在南京四年，倒行逆流之结果。介石兄坚持对内不妥协、对外不抵抗之主张"，是"对内面狰如鬼，对外则胆小如鼠"。电文中还指斥蒋介石和汪精卫"宁愿牺牲国家民族以保存他们少数人的禄位权力。现在的军政当局，正像宋高宗、秦桧一般，所以虽有忠勇悲壮的军民，做到的终于同岳飞一样的败场。东三省之沦亡，上海、吴淞等处之丧失，与其说是被日本侵略，无宁说是被军政当局所断送"。

1940 年夏，马君武在广西大学校园（桂林市郊雁山西林公园）病逝前夕，得知卖国贼汪精卫在南京组成伪政府，他压抑不住内心的愤懑，挥笔写下了《三卅纪事》这首诗：

> 潜身辞汉阙，矢志嫁东胡；
> 脉脉争新宠，申申詈故夫。
> 赏钱妃子笑，赐浴侍儿扶；
> 齐楚承恩泽，今人总不如。

这首五言律诗用了三个典故。其一是晋惠帝被前赵国君刘曜打败之后，惠帝的老婆羊皇后为了博得刘曜的宠爱，在大骂惠帝的同时，恬不知耻地说她改嫁刘曜，才"始知天下有丈夫"；其二是杨妃用色相媚主；其三是齐帝刘豫和楚帝张邦昌，都是卖身投靠金国的傀儡。诗人用这些典故来揭露汪精卫就像羊皇后和杨妃那样向日本主子争宠，就像齐帝和楚帝那样认贼作父，甘当傀儡。汪精卫这个"今人"竟连人类的狗屎堆都"不如"。诗人以无所畏惧的气魄，把汪精卫骂得狗血淋头，读来痛快淋漓，人心大快。从诗中不难看出，马君武的爱国情操，已升华到一个新的高度。

（选自《第一个获德国工学博士的中国人——一代宗师马君武》，原载于《桂林文史资料》第 22 辑，桂林市政协文史资料委员会编）

一代宗师、教泽在人

蔡定国

马君武因患胃穿孔，不幸于 1940 年 8 月 1 日病逝在广西大学校长任上，终年 60 岁，遗体安葬在雁山之麓，墓碑书"马君武先生之墓"。

当时在桂林出版的《救亡日报》（社长郭沫若，总编辑夏衍）发表社论《悼马君武先生》，对马博士的丰功伟绩给予高度评价："作为一个政治家，马先生可以说是纯正而清廉，作为一个学者，他更是沉潜而渊博。……在中西文化之交流，他是一座永生在民族精神的津梁。"

周恩来通过八路军驻桂林办事处送来祭帐，挽词是："一代宗师"；朱德、彭德怀的挽词是"教泽在人"，充分肯定了马君武一生的功绩。

马君武逝世前不久，6 月 10 日广西大学师生为他祝寿，在致辞中他曾表明自己是"堂堂正正做人，清清白白做事"。他是这样说的，也是这样做的。作为教育家、科学家、爱国主义者的马君武，确是一代宗师、教泽在人，纵有瑕疵，也是风范犹存。1940 年 8 月他逝世以后，李四光提出在雁山建立"马君武植物园"和"君武小学"，以纪念他一生的业绩。马君武受到人们的爱戴和崇敬，这是很自然的。

（选自《第一个获德国工学博士的中国人——一代宗师马君武》，原载于《桂林文史资料》第 22 辑，桂林市政协文史资料委员会编）

第八章
爱家庭、爱生活

回忆我的父亲母亲

马保之

　　先父出生于 1881 年农历六月二十二日。我家家境清贫，父亲自幼以苦读成名，先后毕业于日本京都帝国大学及德国柏林工业大学，是这两所大学的中国留学生中第一位取得正式学位者。他青年时代参加孙中山先生组织的同盟会，追随孙中山先生参加革命，因为反对清廷和反对军阀而两度逃亡到德国去求学。

　　先母周素芳女士，上海籍，生于 1882 年，1952 年在她的故乡病逝，是一位虔诚的基督教徒。外祖父共生两男四女，虽然家境和我家一样清贫，却节衣缩食，想方设法地将三个女儿先后送进上海教会办的裨文女校就读。我母亲学得一手好钢琴，就当时而言，可说是得风气之先。1906 年与我父亲结婚，当时父亲正担任中国公学（上海）的教务长，由于母亲喜欢弹钢琴，父亲为了表达他真诚的爱意，多方节省，终于积存了一些钱，购置了一架钢琴送给妻子。

　　父亲为革命而流亡国外期间，很少写信回家，回国之后，仍一直为革命事业而四处奔波，很少回家，因此和母亲相聚的机会也很少。当时家中的经济情况仍然拮据，每当我和弟弟想买玩具之类向母亲请求时，从来未获同意，我们必须等待父亲回家时，才能向父亲提出要求。如有一次提出想买一个大皮球，我念中学时想买一台照相机，母亲都没有满足我们的要求，节俭度日的母亲认为，这类物品都不是生活及学习的必需品。

母亲是基督徒，我和弟弟出生之后，先后为我和弟弟取名于《圣经》上常见的"保罗"和"大卫"，如按照我们家家谱的辈分排列，我们这一辈应该是"之"字辈。父亲由德国回国之后，才正式地将我改名为"保之"，将弟弟改名为"卫之"。

我的祖母信奉天主教，母亲信奉基督教，父亲则不崇信宗教，但对宗教持"信仰自由"态度，从不干涉。我和弟弟的童年时期，每值星期日，都由母亲带我们到基督教教堂去做礼拜，有时我和弟弟也跟着祖母到天主堂去做弥撒。我逐渐地发觉，天主教做弥撒时繁文缛节太多，形式也过于拘泥，就不再跟随祖母去天主堂而经常跟随母亲去礼拜堂。每次去时，母亲都各给我和弟弟一角钱，要求我们做礼拜时捐献给教会，她说"施舍比接受更为有福"，并要求我们牢牢记住这句话，这给我的印象极为深刻。因为我觉得这句话寓意深长，具有我国传统道德的含义。

（选自《永远怀念我的父亲》，原载于《桂林文史资料》第43辑，桂林市政协文史资料委员会编。马保之口述，朱袭文整理）

父亲给我的教育

马保之

　　我开始念书时，最初进的是上海天主堂小学，后转入商务印书馆创办的尚公小学。父亲为了我日后能进入一个办得较好的中学，曾经向他在中国公学任教时的得意门生胡适探询。胡适先生主张我入澄衷中学，因此举家迁往虹口区的桃源里，这一点和国内现在有的父母为子女因学区制而迁居的情况相似。这种为子女入学而迁居的情况，当年极为少见。

　　我的少年时期，很喜欢踢小型足球。父亲偶尔回家时就看出了我对这种小型足球兴趣很浓，他担心我因此而懈怠学业，因而对我作出了每天必须练写毛笔字一小时的规定，我不能不按这种规定行事。我揣度他的心意，一方面是不希望我将过多的时间耗费在踢球上；另一方面是为了培养我以静制动的心理，想用练写毛笔字来磨炼我的耐心和恒心，这对我日后能安心静坐五六个小时看书这种习惯的养成大有帮助。

　　我从澄衷中学的小学部毕业后即进入该校中学部。父亲要求我多阅读自然科学方面的书刊，他一向主张科学救国、科学强国，每当我向他提出学习物理、化学方面的疑问时，他都不厌其烦地向我详加解释。他的耐心讲解，使我逐渐增加了对理化的兴趣，因此我中学阶段的理化成绩都非常好，为日后学习农科打好了基础。

　　1923年，父亲已辞去广西省省长职务，全家从广西移居上海。他在宝山县杨行镇买了一片土地，改行务农，我则在澄衷中学住读，每值假日都回家与父母团聚。父亲要求我和弟弟到地里做农务，教我们如何管理十多亩地的水蜜桃，我们学会了除草、除虫、剪枝、施肥等，到收获时节，要我们协助将桃子运到上海去卖。当时由于包装不善，擦伤的果子都卖不掉，只能运回家留给自己吃，于是每天都大吃水蜜桃，吃腻了，连正餐也不想吃了，以致我现在对水蜜桃还是敬而远之。

高中毕业时，父亲曾问我："理、工、农、医这四科中，喜欢哪一科？"我表示喜欢农科。他进一步问："为什么喜欢农科？"我说学农科才能真正接近大自然，才能铲除农村的贫困，才能使每个中国人都有饭吃。他听后频频点头，显得相当高兴，因为他一向主张读书务必要实用，倡导科学救国，认为只有发展科学，才能国强民富。只有理、工、农、医这些学科，才是中国所迫切需要的东西，这也是他办学的一贯主张。他将文学、艺术等只看作是陶冶性格和素质的精神食粮，认为不能救国和强国。

考大学时，我同时考上南京的东南大学（其后改为中央大学）和金陵大学。当时东南大学农学院的教授阵容强大，多是知名的农学家，像现在的北大、清华一样，很不容易考上，没料到当时的军阀之间爆发了"齐卢之战"（江苏的齐燮元、浙江的卢永祥），东南大学因经费支绌而暂时停办，父亲命我进金陵大学。在金陵大学攻读时，父亲每月只给我一元钱零用，我只能偶尔买点花生米之类的小食，四年学程中从未进过任何饭店。我用的都是铅笔，其后，校方规定做化学实验的报告，不准用铅笔，必须用自来水笔（即现在所称的钢笔），我不得不写信向父亲要求买一支自来水笔。父亲给我四元钱，我选购了一支地球牌自来水笔，当时我视同拱璧，十分珍惜。

我在金陵大学之初，父亲正在北京任职，他每次出差路过南京时，都到金陵大学看望我，后来辞职回到宝山县杨行镇家中。暑假期间，我们经常在户外纳凉，他不时地向我问及一些关于中国历史、地理的问题，我回答的往往使他不满意，我自己也感到惭愧，不能不促使我开始重视这方面的学问。父亲要求我学拉小提琴，他在日本求学时就学会了拉小提琴，他教我拉，我认真学，进步相当快，他就将自己所爱的那一把日本造的小提琴送给了我。碰巧当时在金陵大学教我的翁德齐老师也爱拉小提琴，回校后我经常向翁老师请教。暑假回到杨行镇家中，有时下雨，不能到地里干农活，我就在家里练习拉琴，借以调剂家中古板的气氛。我对音乐方面的兴趣，完全来自父亲的指引。父亲兴趣广泛，尽管未学过音乐，他的小提琴拉得很好，有时也写歌词和谱曲，当年中国公学的校歌就是他的作品。虽然如此，他还是认为在这方面不宜投以大量的精力，正如他自办小农场，种植果树而不种植花卉，他认为种花莳草只能供观赏而不切合实用。

1927 年，沈宗翰先生由美国学成回国，在金陵大学执教，对我们讲授遗传及作物育种，教得很好，我对这门功课很感兴趣。沈先生主张教学并重，经常带领并督促我们一起下田工作，他要求每个学生都有田间作业的实际经验，决不容许纸上谈兵。寒假期间，我曾邀请沈先生到杨行家中吃饭，我父亲和沈先生谈得很投契。事后，父亲对我说，沈先生是脚踏实地的老师，要求我注意听沈先生的教诲，认真地向他学习。

（选自《永远怀念我的父亲》，原载于《桂林文史资料》第 43 辑，桂林市政协文史资料委员会编。马保之口述，朱袭文整理）

父亲催婚

马保之

1936 年，父亲由于他对西大办学的主张未获广西当局者采纳，即辞去西大校长职务而回到上海。当时我在南京工作，宁沪之间交通很方便，每有假期我都回上海家中，和双亲团聚。那时父亲对我迟迟未成婚而感到着急，他对我表示，如果尚未物色到对象，希望我娶一位广西小姐，以符合广西人爱广西、共同为桑梓服务的愿望。由于物色不到适合的广西小姐，他有时有些焦急，因此，我们父子之间有时在谈论这一问题时，出现一些不愉快的气氛，他有时甚至骂我。但我还是坚持自己的原则，不接受他人的介绍，认为在婚姻问题上绝对不能迁就。有几位父执分别劝导我，我也碍难同意，依然坚持自己的意见。

父亲心直口快，有话就明说，但不注意表达的方式，致有时难免使对方难堪，或得罪对方，他自己却从不认为自己的话分量过重，是在责备对方。母亲和我曾一再劝告他不要骂人，说有的人被他骂怕了，父亲始终不接受母亲和我的意见。他曾问我母亲："保之为他的对象问题，就和我争吵过，他就不怕我，怎么见得有人怕我呢？"不过，他责备的大致都是办事不讲究效率、不敬业、对公家财物不节俭的下属。

1937 年 7 月 7 日抗战军兴，中央农业试验所派我担任该所广西工作站主任，从此我又回到广西，在柳州沙塘工作，同时还兼任农林部西南种苗繁殖站主任、西南农业推广人员训练所主任、广西省立高级农业职业学校校长等，身兼七职，每有分身乏术之感，因而没有重回广西大学农学院任教的机缘。当时广西的农业人才济济，几乎可说是集一时之秀俊，所以在农业研究和教学方面都颇有成就。抗战胜利后，农林部部长周贻春（曾任清华大学校长）竟将我调到农林部任农业司司长，使我深感意外，因为我和周贻春先生素昧生平。

抗日战争初期，我在沙塘工作，父亲在桂林家中休养。他是国民党参政会参政员，每次去重庆出席参政会、路过柳州时，都到沙塘看看我，每次见到我都旧事重提，叫我早日成婚。我妻蓝乾碧，早年就读南京中华女中，其后毕业于南京的金陵女子文理学院，曾以歌喉婉转、擅长声乐而闻名。当时她随王祖祥先生率领的国际联盟（总部设在日内瓦）医务团来到广西，我们在桂林相识，我带她到家中，父亲得知她擅长歌唱，为她在桂林举办过两次演唱会，并有意留她在桂林教音乐，她未能接受。1939 年，由于我和她之间的感情已有进展，我即去贵阳向她求婚，当时她在贵阳女青年会工作，接受了我的要求。我回到柳州时，恰值父亲路过柳州，得知我准备结婚的信息，至为高兴。

我们商定在 8 月 7 日（即农历六月二十二日）父亲 59 岁寿辰那天举行婚礼，婚礼地点原定于乐群社大礼堂，不料婚礼前三天，日寇飞机轰炸桂林时，乐群社大礼堂被炸毁，不得不临时改变地点，改在我家附近的定桂门内的太白酒家。再也料想不到，留学德、奥八年的弟弟卫之，竟然辗转从欧洲回国，恰于婚礼前一个多小时回抵家门。当时父亲的欣慰之情简直难以言表，寿礼婚礼席间，宾客都赞为"三喜临门"。

父亲一向就反对儿子成年后依赖家庭，从来就要求儿子成年后自力更生，筹办婚礼时，父亲叫我对婚礼的费用自行负责，且叮嘱不宜铺张，幸而我早已有充分准备，没有向父母伸手之念。父亲除将 100 元当作见面礼送给儿媳之外，还自撰并书就一副很有教育意义的楹联——"诚实为做人初基；勤俭乃立家根本"送给我俩。我很珍视这份礼物，其后不慎散失，我一直念念难忘，其后在台湾，我请父亲的老友、一代书法大师于右任先生重书，悬于家中，视为座右铭。

婚后，我和妻子住在柳州沙塘，那时，广西大学刚改为国立，父亲被聘为首任校长，他去沙塘视察农学院时，都去看望我们，并任我妻为农学院女生管理员。

（选自《永远怀念我的父亲》，原载于《桂林文史资料》第 43 辑，桂林市政协文史资料委员会编。马保之口述，朱袭文整理）

一幅肖像

马保之

父亲早年长期为孙中山先生领导的革命事业而奔走，其后又为教育事业而劬劳，晚年的住宅相当简陋。当时的广西省政府为酬劳他对国家的贡献，特意在故乡的杉湖畔建了一栋两层楼房的住宅送给他，大门上面刻有"以彰有德"的横额。新宅落成，父亲曾自撰并自书了一副门联："种树如培佳子弟，卜居恰对好湖山。"这副门联，和他1928年应邀由上海回故乡讲学时所撰、曾长期悬挂于普陀山的"城东佳境，常绕梦魂，叹半世飘零，遂与名山成久别；岭表旧都，屡经离乱，望故乡英俊，共筹长策致升平"的楹联一样，都曾传诵一时。

为了利用新宅楼前的一片空地，像20年代在上海杨行镇一样，父亲利用业余之暇，种植了一些果树，养殖了几箱蜜蜂，经常利用周末及假日，自理果树，自收蜂蜜，自得其乐。同时主持改良桂剧工作。我夫妇由沙塘回家时，父亲还偶尔举办家庭舞会，他的快三步跳得相当轻盈。当时人们称跳舞为"卫生运动"。

1939年春季，广西大学由省立改为国立，父亲受聘再度出任校长，鉴于他体质日弱，我曾劝阻他不宜再负重任，由于他与西大感情甚深，还是愿意再度效劳。校务纷繁，他屡屡显得力不从心，当时母亲远在上海，身边乏人照顾，不料竟于1940年8月1日因胃溃疡、胃穿孔抢救乏术，在故乡南郊雁山的西大校长任内与世长辞。从此，我和弟弟就失去了慈祥的父亲。

父亲毕生好学，笔耕不辍，在我青少年时代积存的记忆中，他白天极少在家，晚间在书房中必然伏案至午夜，不论在北京工业大学、上海大夏大学、中国公学和省立、国立广西大学任校长期间，晚间往往都工作到深夜。他治学的兴趣颇为广泛，从他的著作、译作中可以看到，植物学、动物学、矿物学、有机化学、微积分、哲学、文学、史地、经济等，都曾涉及。他勤于钻研，且相当刻苦。如养蜂，他本来一无所知，硬是从书本到实践，逐渐摸索出规律、经验。他经营家庭农场多年，对葡萄、水蜜桃及棉花的栽培，都很有心得。他的悟性和毅力，似非一般人所具有。他精通日、英、法、德四种文字，虽然对文学、音乐不够重视，但对中国文学和音乐乐理的造诣也较深。由于治学的基础扎实，著作和译作都很流畅。左舜生先生任中华书局总编辑时，曾说过："我生平交游的朋友中，学识渊博，最值得钦佩的只有两位，一位是梁启超先生，另一位是马君武博士。马博士著作的文稿，都是亲自抄写，从不假手于人。"

父亲生平十分节俭，家居生活中，除许多书籍外，陈设极为简朴，全家都是陈年的旧家具。饮食方面，他从不讲究，如果他单独吃饭，煎两个荷包蛋就足供他佐餐。不论是担任孙中山非常大总统府、大元帅府秘书长，还是部长、省长、大学校长期间，穿的都是长衫、布鞋，他不爱穿西服或当时的制服（类似现在的"中山装"）。他的官职不低，权力不小，但从不苟取一文，也从不浪费一文。劬劳一生，遗留下的只有 6000 元港币的存款。

父亲经常告诫我和弟弟：为人务宜诚实、勤俭，切不能损公肥私；为人应该堂堂正正、光明磊落，才能扪心无愧。为了要我们做到勤俭，在杨行期间，叫我们干农活，除护理果园之外，要我们踏水车、挑水。当时我和弟弟都觉得非常辛苦，其后追思往事，才深深地领悟到，父亲的用意是担心我和弟弟只知道读书而不会劳动，形成养尊处优的坏习惯。我浪迹台湾及海外半个世纪，近年回故里定居，遵循父亲"为广西培养人才"的遗训，虽然早已年逾九旬，仍能仆仆于桂林、南宁之间，坚持为广西师大和广西大学农学院部分研究生义务授课，不能不说是父亲当年要求我锻炼的结果。

（选自《永远怀念我的父亲》，原载于《桂林文史资料》第43辑，桂林市政协文史资料委员会编。马保之口述，朱袭文整理）

父亲热爱音乐

马卫之

父亲对音乐，尤其是对19世纪西洋的器乐曲颇为爱好，虽然家境不甚宽裕，由于母亲深爱弹奏钢琴，因而不惜以积蓄所得，为母亲购置了一台"茂得利"牌钢琴，供母亲经常练习。那台钢琴，也成为上述义校的教具，每当母亲给学生上音乐课时，里弄的邻居往往都聚集在厅堂门口，欣赏母亲动听的弹奏和嘹亮的歌喉。

可能是母亲的影响和传授，父亲偶尔也在钢琴上做些尝试，甚至往往在深夜还掀开琴盖，独自进行练习，这也就不难看出他对音乐的兴趣。

不仅限于对钢琴的爱好，父亲还珍藏着两把相当名贵的小提琴。他对小提琴的兴趣绝不在钢琴之下，也常在从事译著之余的深夜练习小提琴，琴声每每将我们从酣梦中唤醒。

20年代的上海，偶尔也有欧洲来的歌剧团进行巡回演出。票价以当年的情况来说，往往昂贵得惊人，由于醉心于西欧的古典音乐，父亲常常是这些演出的座上客。当他情绪好的时候，不时还能听到他轻轻地哼唱某些乐章的片段。

（选自《怀念我的父亲马君武博士》，原载于《桂林文史资料》第43辑，桂林市政协文史资料委员会编）

赋闲杨行，享田园之趣

马卫之

上海里弄生活度过十来年之后，我们全家搬到距离宝山县城约十华里的杨行，和父亲的老友居正先生毗邻为居。父亲具有丰富的务农知识，在杨行镇东边二三里的地方购置了几十亩地，在父亲的率领下，我们开始了务农生活。以种植果树为主，兼种稻、棉及大豆等作物，虽然面积不算辽阔，由于工作量繁重，全家都很忙碌。果树中的桃树，尤其要精心护理，春季落英缤纷之后，果实逐渐地成长。为了防止虫类或鸟类对果实的伤害，父亲带着我们——主要是保之哥和我，将行将成熟的果子逐个地用纸袋包扎起来。这是一种相当劳累的农活，有的桃树相当高，不能不爬上树干进行操作，这样的活儿，几乎都由我们兄弟俩承担。在包扎桃子的时侯，有时会碰到隐藏在不显眼地方的黄蜂窝，这时往往会展开一场人蜂之间的"遭遇战"，有时父亲也未能幸免。我们作为万物之灵，当然不甘示弱，拔掉嵌在皮肤上的刺，涂些碘酒，又继续地进行劳动。

杨行镇距离宝山县城和吴淞镇都是十华里左右，我们的家离杨行大约三华里，环境至为宁静。居正先生和我们虽说是毗邻，但与我们的屋子相隔也约有百米之遥，其间还隔着一条小溪，这"两家村"不啻为两个独家村。我们和居家的成员每年也能聚会几次，居正先生也偶尔来和我父亲对弈围棋，对弈的过程中，间或能听到父亲特别爽朗的笑声，那笑声划破了家中平时特别宁静的气氛。

在杨行的几年间，父亲有段时间赋闲，门可罗雀的境况倒使父亲能腾出大量时间，夜以继日地伏案进行译著，所译的达尔文著作，大部分都是在这段时间译出的。

大夏大学也就在卜居杨行这段时间内筹划、开办。开办的起因和沿革早有记载，社会上关心教育的各界人士都很清楚，在此不拟多加叙述，只记得当年为筹办这所大学，欧元怀、王毓祥、傅式说等教育界的前辈们，都不辞辛劳地从上海到杨行，频频登门来访父亲，大夏大学正是在这些前辈和父亲的积极磋商与筹划下开创的。杨行不在铁路线上，从上海搭火车只能在吴淞镇下车，然后要步行一个多小时才能到达我们家。从吴淞镇到我们家，偶尔也有独轮车——上海人称之为"小车"可以代步。坐独轮车，乘车者和推车者必须密切配合，否则就容易翻车。在那崎岖的羊肠小道上，车轮和车轴因摩擦而常发出咿咿呀呀的声音，为那单调枯燥的行程增添了独特的，甚至颇有诗意的气氛。欧元怀、王毓祥等前辈不畏旅途艰辛，风尘仆仆地经常到杨行，他们办学的热忱很令人钦佩。偶尔适逢父亲到上海去了，他们的来访，往往成了徒劳，他们那种失望的神情，使一个当年只有十来岁的孩子的内心也深感遗憾。

父亲在杨行的务农生活中，养蜂已成为一个重要的组成部分。为了养蜂，父亲着实耗费了不少的时间、金钱和精力。他老人家曾向我们详细地讲述蜂群的组合，例如蜂王、雄蜂、工蜂等。蜜蜂的分工非常严格而明确，在每个蜂巢的入口处，往往停留着十来只工蜂，它们的任务是充当铁面无私的"门卫"，倘有别群的蜂误至它们的入口处，"门卫"就严厉地执行它们的职责，不让莽撞者入内，至于其他的昆虫如苍蝇等，更不能妄想混入以求一窥。

父亲还告诉我们：每一群蜂，除了一只蜂王和少数雄蜂外，绝大部分都是工蜂。这些工蜂，每当天气晴朗之时，都成群结队地外出采蜜，它们将采到的花粉夹在后腿弯处飞回巢来，经过"门卫"的认可，才能有条不紊地进入巢内。每隔适当的一段时间，父亲就要打开蜂巢的盖子，观察它们采集的情况，还指导我们一道进行观察，并了解蜂巢内部结构。蜂巢里一尘不染，酿满了蜜的巢孔，都由工蜂用蜡进行密封。蜂王产卵的巢孔和酿蜜的巢孔，由工蜂以不同的方式进行密封，以资识别，并一目了然。每只工蜂都孜孜不倦地为集体缔造效益，使我们体会到"蜜蜂般的勤奋"这句话的真谛。

父亲往往不惜用几小时的时间，对蜂群的活动进行仔细的观察，不论是严寒还是酷暑，父亲企图通过观察，对养蜂这门专业积累系统的知识。他用行动向我们展示"实践出真知"的真理，而不是用枯燥无力的说教。

每当寒暑假，哥哥和我回到杨行家里，父亲都是安排我们参加田间劳动，除草，施肥，摘棉花，收果实，更包括整理庭园、修剪冬青、打扫卫生等。我们通过这些实践，无形中加深了"劳动创造世界"的概念和体会。父亲每每善于以行动来影响我们，使我们逐渐对劳动产生感情。

有位来访者在路旁见到一位戴着破草帽的人在俯身干着农活，就漫不经心地问道："马博士在家吗？"那位来访者看到戴破草帽的毫无反应，就走近想问个明白。父亲摘下草帽，来访者顿时瞠目结舌，原来俯身干着活的正是"马博士"。

诚然，20年代时才十来岁的孩子，不可能接触和理解"劳动创造世界"的理论，但通过劳动实践，这个理论却潜移默化地加深了我对劳动的认识。劳动后，我们都会感到疲倦，但面对着除尽杂草的棉花地、皑皑白雪般的棉花、硕果累累的桃树，不由得从内心涌出了一股胜利者喜悦和骄傲的豪情，下意识地尝到了劳动的甜头和生活的意义。父亲有意要我们自己去品尝，因为由此而得到的认识，印象会更深刻，效果会更显著。

（选自《怀念我的父亲马君武博士》，原载于《桂林文史资料》第43辑，桂林市政协文史资料委员会编）

马君武家事

诸子方

马先生早岁留学海外，追随孙中山，参加革命的工作，回国以后，历任要职，译著等身，对于学术有很多贡献。广西大学由创办以至改为国立，均赖其惨淡经营，悉心擘画，宏规早具，成绩斐然。不幸以积劳致疾，竟于民国29年8月1日酉时与世长辞，曾经国民政府明令褒扬，生平事迹，宣付史馆，足彰荣哀。唯是马先生的家世，知之者尚少，余与马先生虽属中表亲，愧亦未知其详，兹仅就所知的分述于后，其事略亦并及之。

马先生原名道凝，号厚山，更名和，号君武，嗣以君武行，名号遂一致，于清光绪七年六月二十二日酉时，在恭城县衙署出生。其先世为湖北蒲圻县人，高祖云台公夫妇二人，以磨豆腐为业。曾祖郁斋公（名丽文）苦读成名，考试中清道光某科进士，由主事留京任福建道监察御史，以参劾对鸦片烟战争误国之亲贵，致遭一般满洲大臣的厌恶，外放广东高州府知府，在高州时有许多的美政，颇为地方人所爱戴。但是一般满洲大臣以为不免尚便宜了他，再向远处递谪，由高州调至广西思恩府（即今之武鸣县），到任不数月，即行病故。郁斋公有二子，长仍住蒲圻，次光昊公（即马先生之祖父）随至任所。郁斋公逝世后，家徒四壁，灵柩不能运回湖北，后葬在桂林北门外两湖义地，光昊公不能回到原籍，遂流寓桂林。

其父衡臣公，为光昊公原配雷太夫人所生，雷太夫人在蒲圻县去世时，衡臣公仅有数岁。后光吴公在桂续娶吴太夫人，因衡臣公年纪太轻，遂托人带到桂林。光吴公流寓桂林十余年，干了些小差事。衡臣公到桂林没有几时，光吴公即一病不起，在桂的只有其祖母和父亲二人，那时他的祖母以为代衡臣援例纳赀没有钱，投考没有籍贯，考虑的结果，还是以学"刑钱"为妙。他的祖母是一个有本领、善应酬的人，托人设法代为介绍，竟得临桂县刑幕李申甫先生收为门生。

衡臣公原配诸太夫人淑贞，即先父嵩生府君之胞妹，同为先王母陈太夫人所生。光吴公去世时，衡臣公才十六七岁，写得一笔好颜字，仪表都雅，为舅祖陈允庵公所最喜爱，与东家相处均极投契，自就幕以来，未曾闲过，每月所得馆俸30余元，只留数元零用，每月以30元寄予他祖母作为家用。那时他的大伯父、大伯母及子道隆、女巧姐，二伯父杞臣和他的伯祖的长孙道铨，均先后由湖北来桂，人口日增，担负愈重。衡臣公就馆所到的地方，为恭城、荔浦、平南、马平。当去马平的时候，有一姓傅的和他父亲说笑话，那人说："马平二字，于你不利，你不好去。"不幸而言中，其父竟于清光绪十六年五月，在马平县（即今柳江县）去世。

衡臣公去世时，马先生才满九岁，那时他还有一弟两妹，但他最为他的祖母所钟爱，带到身边亲自抚养。他的父亲逝世之后，一家的生活很困难，亲戚们每月帮助四五元。他的母亲除了照顾儿女之外，要向裁缝店领衣服来缝衣边，又要向爆竹店领爆竹来插引线。他和大妹年纪稍长，就帮助缝衣边、插爆引，每月可得二三元，加起来不过六七元。一家大小吃饭、穿衣，还要送他兄弟二人去读书，所以一碟臭咸菜要吃几餐。此时他大伯父死已多年，大伯母率同子女去依她的堂兄易小川先生，巧姐便与小川先生的长子结婚。后来小川先生做容县知县，他们三人同去任所，道隆、巧姐和小川先生都在容县作古，大伯母亦病得很重，同她的女婿回到桂林，不久去世。道铨已有20余岁，看见他家这种局面，不能不出去自寻生活。离开他们以后，真是穷困不堪，但不久也寻得一种生活方法，做些手工艺，混到民国10年死在桂林。

他的二妹因为营养不良，致患疳积，无钱请医生调治，早已夭亡。二伯父在南宁有点小差事，写信接他祖母吴太夫人往南宁就养。未几，他二弟得白喉病，七日不治，死时才七岁，读书很是努力，已经读过三年的书，为他的母亲所最钟爱，伤痛自不必说。其祖母在南宁闻此信息，很挂念他们，要回桂林看视。二伯父只好让她回来，孰知船行至平南古勇滩打破，她和许多乘客都被溺死。二伯父由南宁赶到平南，将她葬在古勇滩边。相隔40年，他重到梧州任广西大学校长的时候，托平南友人代寻她的坟墓，后其友人吴君竟然寻得，将骸骨送到梧州，重葬在梧州北山后道合农场山上。

（选自《马君武先生的家世及其事略》，原载于《桂林文史资料》第43辑，桂林市政协文史资料委员会编）

三喜临门

朱袤文

近百年来，桂林名闻遐迩的乡贤，大概只有马君武和梁漱溟两位前辈。漱溟先生祖籍桂林，一生之中，在故乡的时间却很短。君武先生青年负笈日本和德国，回国后为孙中山先生领导下的革命事业而南北奔走，在桂山漓水间，度过了他的童年和晚年。20世纪30年代后期，桂林已成为抗日战争时期的西南重镇。从北方和东南沿海避寇来桂的人士云集，其中不乏君武先生的故交。

1939年夏天，君武先生故乡的亲友和避寇来桂的故旧，纷纷表示该为君武先生祝贺59岁华诞，君武先生感到情不可却，只得再三表明：国难当前，不宜铺张。但是，由于他既担任过总长、省长、更担任过非常大总统孙中山的总统府秘书长，还担任过中国公学、北京工业大学的校长，创办过上海大夏大学和广西大学，桃李众多，更难得的是学贯中西、著译等身、声望很高，所以有关方面和亲朋故旧都认为，寿庆应该办得像样一些，何况君武先生的长子、康奈尔大学农学博士，在事业上已取得一些成就的马保之先生，早已择定在老父寿辰这一天，与金陵女子文理学院毕业的蓝乾碧小姐结为连理，成为喜上添喜。

寿仪和婚礼的地点预定在桂林环境最好、设备最完善的乐群社礼堂（位于乐群路东口）。当时日本侵略者的飞机经常对桂林进行空袭，乐群社的礼堂竟然在仪式前数日遭敌机炸毁，因而不能不另觅地点，无奈当时的桂林再也物色不到能容纳众多宾客的大酒店，只得将仪式改在定桂门内南侧的太白酒家举行，有些宾客则被安排到中山中路正对着三多路口的东坡酒家等处。

仪式原定在下午 4 点钟举行，万万未料到，君武先生的次子，离家已经八年、先后在德国和奥地利留学的马卫之先生，由欧洲搭意大利客轮到达香港后，几经周折，改道海防、河内回国，经南宁、柳州，恰巧在仪式前一个小时突然回抵家门。对于君武先生而言，无疑是喜出望外，仪式因此也就不得不推延了一小时。

仪式之前，君武先生穿着平时习穿的长衫、布鞋，满脸笑容，挽着阔别八年、从欧洲战火中辗转归来的爱子，向宾客一一介绍，同宾客寒暄，欣慰之情溢于眉宇。宾客纷纷向君武先生祝贺，异口同声地称赞老博士三喜临门。

礼堂是我国传统的五开间房子，板壁早已拆除，地面撒满青葱的松针，正面的红幔上贴着醒目的大"囍"字，衬以一盆盆鲜花。男方的主婚人自必是君武先生，由于女方的双亲都不在桂林，受委托的寿标先生（当时的广西家畜保育所所长）成了女方主婚人，男方介绍人邱昌渭，女方介绍人孙仁林，证婚人则由君武先生的好友、著名的地质学家李四光先生担任。当时的结婚仪式中，一个主要的项目是证婚人、主婚人、新郎、新娘必须在结婚证书上盖上各自的私章。鉴于李四光先生一向和君武先生一样，平日只习惯签名而素不盖章，素不随身携带私章，保之先生在婚礼前一天曾专门登李四光先生之门，请四光先生次日不要忘了带上私章。当司仪请证婚人盖章时，这位地质学家遍摸衣裤的口袋，结果还是忘了携带，顿时显出几分尴尬。（次日才补盖）

婚礼的晚上，未能免俗地进行"闹房"，大学时期早就以歌喉婉转而蜚声金陵的新娘在宾客的要求下，与新郎以英语合唱了优美动听的《一个西班牙骑兵》。

这场盛极一时的喜事中，唯一的憾事，是君武先生的夫人远在沦陷区的上海，未克亲身感受这三喜临门的欢乐。

（选自《马君武博士三喜临门》，原载于《桂林文史资料》第43辑，桂林市政协文史资料委员会编）

简朴马君武

林半觉

记得在幼年时代，常常听到父亲说，广西只有一个博士，就是马君武先生，博士是最有学问的，和科举时代的状元一样。民国 11 年在乡间看见省长公署的布告，知道博士当省长，心里总想，何日才有机会见见博士的样子。

民国 17 年，广西教育厅举办夏令讲学会，马先生偕海内名流邱椿、王克仁、黄宾虹、陈柱、白鹏飞诸先生回桂主持讲座。开幕之日，厅长黄华表向大众介绍讲师，当介绍到马先生的时候，真出我意料之外，谁知他就是我仰慕已久的马博士。因为他一个人最简朴，身穿一件很旧的土布长衫，剃光头，他的脸孔，瘦而且黑，低着头坐在最末一排的角落里，十足一个乡下人的样子。倘若不是在会场由教育厅长介绍的话，说他是马博士，一定没有人相信。他衣履的简朴，自为总长省长，至今无异的。

当时马先生所讲的题目，为"近百年科学界之重要发明"。他讲学，我每次都听，未尝缺席过，那本讲义，直到现在还保存在乡间。

（原载于《逸史》第 12 期）

《思慈母弟妹》

林半觉

马先生原名同，留学日本时改名和，字君武，留学德国时，才以字行，别号厚山。原籍湖北蒲圻，他的父亲衡臣先生，于同治年间游幕至桂，在陈允庵抚幕中任事，甚有才气，光绪六年（1880年）与夫人诸氏结婚，第二年生马先生，先生九岁即丧父。故幼年时代，生活环境极苦，每月靠亲戚帮助四五元，母亲为人缝衣服，先生插爆竹引线，每月又得二三元，总共不过六七元，一家五口人吃饭、穿衣，如何敷用？所以一碟臭咸菜要吃几餐，弟妹生病，无钱请医生吃药，都先后夭亡了。照这样看起来，可知马先生少时是孤贫的，《新中国人物志》云"马君武系出广西之豪族……"殊非事实。后来马先生有《思慈母弟妹》五言古风一首，叙述他少年时候，家庭骨肉间不幸的遭遇，现将原诗录后：

> 旅馆夜梦醒，心寒呼慈母。
>
> 万里别家愁，念年育儿苦。
>
> 荒村隐茅屋，雪深今几许？
>
> 家贫耽游远，儿罪不可数！
>
> 他乡知交稀，乞米恐无处。
>
> 含泪别母去，出门何茫茫。

国仇未能报，母恩未敢忘！

九岁阿爷死，教养赖阿娘。

同胞凡五人，追忆恻肝肠。

三弟命最短，七日葬北邙。

次妹颇敏慧，得病亦寻常。

家贫无医药，坐视为鬼殇。

长妹有暗病，其命遂不长。

次弟生九岁，读书盈半床；

夜深不肯睡，一灯声琅琅。

一夕得喉疾，哀哉医不良！

倏忽为异物，早慧竟不祥。

弟死后五年，阿兄适四方。

弟墓无碑碣，践踏恐牛羊！

这首诗充分表现他身世凄凉，令人读之，无限感慨。

（原载于《逸史》第 12 期）

马君武有古君子风

林半觉

　　马先生个性很执着很倔强，说话非常耿直，毫不吞吐，每每不了解他的人，对于这点，都表示不满。但马先生胸次豁达，坦怀待人，胸无城府。这种性格，有古君子风。他最能念旧，他少时在陈允庵家读过书，得益不少，他去日本留学时，他的母亲尝寄养在上海徐家汇马相伯先生处，故其生前无论谈话为文，对于这些事，都表示过恩德不忘的。诸如此类的事还很多，不能尽述。

　　人家都说马先生爱骂人，我却说马先生敢骂人，因为他骂起人来，不论大小，只要是应该骂，就大骂而特骂，绝对不留情面、不避权贵的。

　　他在梧州长省立广西大学时，一位德国教授因为教书不甚负责，所编讲义稍有错误，被马先生发现了，他便把这位德国教授叫来，用德语把他大骂一顿，硬把这位德国教授骂哭了。我国的大学校长，敢骂外国教授的，有几人？马先生骂汪精卫，尤其不客气，他说汪逆在民元年的时候，受了袁世凯的贿赂，中途变节，反对总理做总统，主张把南京政府取消。曾骂他卑鄙污浊，虚伪可耻。民国5年马先生由美回国，介绍一位美国朋友去见汪逆，起初那位美国人是用英语谈话的，汪逆说自己的英语说得不好，在法多年，法语可说。谁知那位美国人法语也能说，就改法语谈话，汪逆莫能应付，马先生难为情，做了义务翻译，汪逆满面通红。本年3月30日，汪逆在南京组傀儡政府，马先生有一首纪事诗骂他，诗云：

潜身辞汉阙，矢志嫁东胡。

脉脉争新宠，申申詈故夫。

赏钱妃子笑，赐浴侍儿扶。

齐楚承恩泽，今人总不如。

这首诗是马先生最后的绝唱，和"九一八"沈阳之变以后的《哀沈阳》二首，虽各有所指，然描写深刻，责骂误国者则一也。

（原载于《逸史》第 12 期）

对联逸事

林半觉

民国27年1月，广西美术会举行大规模的全省美展，筹款慰劳前方将士。马先生很高兴，即席挥毫义卖，坐下去，一气就写三十几副对联才能起身，共得款数百元。马先生此种热诚，真值得表扬。但是，因为写得太多，墨不及干，人就拿去了，但有些人请求加盖印章的，马先生说："我写字从不盖图章，盖图章的，是假的。"大家都笑起来。接着他就要我给他刻两方石章，说明一方篆"马君武"三字，一方篆"桂林人"三字。过了两天，镌就送去，他一见称许，并且说："从今以后，我写的字，无图章的，又是假的了。"马先生虽未尝自己奏刀刻过印，可是对于印论及印史，是很有研究的。他从秦汉一直谈到文三桥、何雪渔，以及浙皖诸家的源流正变，无不了然。此老胸中太渊博了，真不愧为学术泰斗、一代宗师。

后来，马先生写了一副对联送我，作为治印的报酬，对联文为"论古不求秦以下，游心时到物之初"。可惜这副对联在民国27年冬寓所被日寇飞机轰炸时，毁于劫火了。以后曾另求他写了幅立轴，文为"好学近乎智，力行近乎仁，知耻近乎勇"。马先生逝世的几天，我拿出给龙积之老先生看，龙老先生非常感慨，题句云："智仁勇乃三达德，好学知耻务力行。知所先后则近道，君武精神龙马形……"聚两贤之墨迹，更为可宝。

马先生家住桂林环湖东路，省立体育场（即旧日巡抚衙门）前面，东轩门旁边。门前即是杉湖，风景幽美，夏日绿荷深处，如在画图中，别饶诗味。后面远远靠着独秀峰，前面漓山（俗称象鼻山）在望，气势颇不平凡。

马先生住的屋，是广西省政府给他建的，门首有黄主席所题"以彰有德"四字的横额。可见当道尊崇学者之至意。两旁联语，则为马先生自拟自书，联云："种树如培佳子弟，卜居恰对好湖山。"冲澹之气，出乎自然。

……

马先生出门久对故乡名山胜迹、青年学子，至为关怀，因撰楹联，留在普陀山，以为纪念，其联云：

城东佳境，常绕梦魂，叹半世飘零，遂与名山成久别；

岭表旧都，屡经离乱，望故乡英俊，共筹长策致升平。

两旁跋语："民国十七年夏，偕诸友人至桂林讲学。别故乡三十年，此为归来之第二次。俯仰今昔，感慨不胜，书此联于普陀山以记之。邑人马君武。"语重心长，感慨系之矣。联用木板刻成，挂在丛翠堂，现中山纪念学校幼稚园在此上课。字是马先生亲笔写的，径约十公分。书法苍老道劲，篆隶之意，成之天然，其下笔颇有六朝砖文气味，高浑入神，远非寻常含毫吮墨之士所及。

清袁简斋尝论："大凡有功德者，有福泽者，有文章者，其生平虽未学书，而落笔必超，若无此数者，虽摹仿古人，不过如剪彩之花，绘画之美，谓之字匠可也，谓之名家不可也。"真是高论，盖马先生未尝学书，而其下笔高超驾于常人者，胸有文章也。马先生楹联、写作皆佳，应该把它勾勒下来，刻之名山，才能永久保存。

（原载于《逸史》第 12 期）

马先生的休养生活

林半觉

马先生在民国 26 年至 28 年上期休养的时候，他的生活是：（1）种花木；（2）养蜜蜂；（3）改良桂剧；（4）为本刊写稿。我常常去看马先生，向他请教，好几次遇逢他冒着细雨，独自在花园里种花，衣帽全是雨珠子，眼镜也蒙上一层露水了，手脚沾满了泥，十足是个老园丁；又常常遇逢马先生坐在蜂箱旁边，点验蜜蜂，有时被群蜂把脸刺肿了，他还说没有关系，不过是打了几针乳酸吧。因为他忙于弄这些事，让生客坐在客厅里等两三个钟头，是平常的事。

关于改良桂剧，马先生是很热心倡导的。自从抗战以来，各省人士来到桂林的很多，戏剧方面，就有京班演唱了。有人批评桂剧比不上京剧，无论声、色、艺，都相差很远。但桂剧演员，能够力求进步的也不少。民国 26 年春，南华桂剧院诸演员深恐桂剧将被淘汰，遂请求陈俊卿先生（桂林人，尝任省政府顾问，民国 28 年逝世，享年 72 岁）维持倡导，陈先生即与马先生等组织广西戏剧改进协会，马先生任会长，陈任副会长，从"南华"着手改进，开办艺员补习班，后来又得欧阳予倩先生参与，改编剧本，严格导演。这样一来，"南华"的桂剧，较前进步多了。

（原载于《逸史》第 12 期）

半觉迟到，稿子不交

林半觉

马先生在休养期间，常常为本刊写稿，本刊的封面，也是马先生题的。他为本刊所写稿件，每次都是我去拿的。有一次他打电话要我去拿稿子，说明时间不能过 9 点钟。接电话时，是 8 点 50 分，我放下听筒就跑，结果还是迟到五分钟。到时马先生果然出去了，留下一张字条在台上，写着"半觉迟到，稿子不交"八个字。这使我懊丧不已。

马先生为本刊所写文章，有《自述（一）》《孙总理》《谢无量》《安南纪游（一）》《安南纪游（二）》几篇，其中《自述》《安南纪游》两题都没有写完，真是可惜！《自述》（二）（三）两段，是已经写好了的，马先生曾经告诉过我，还要增加两段事情再交稿。以后马先生太忙，终于没有添上，马先生去世后，据其二公子卫之先生说，原稿现在还没找到呢，这真是一件憾事。

（原载于《逸史》第 12 期）

最后一面

梁庆培

1939 年我因事去桂林。当时马校长已息隐家园，谢绝一切应酬，只与戏剧家欧阳予倩等从事改良桂剧工作，以娱晚年。我到达桂林那天的下午，即专程去问候老校长。

马校长住在环湖路往正阳路的转角处。到达校长家一片白色的围墙大门前，我抬头一望，见门的上方写着四个大字"以彰有德"，署名是当时的省政府主席。门的两旁是马校长自书的对联。上联是"种树如培佳子弟"；下联是"卜居恰对好湖山"。但上联在"种"字上方，不知谁加了四个以墨笔写的字"春满梨园"；下联在"卜"字上方也写了四个"云行察里"的字样。据说，"梨园"是古代艺人居住的地方，"察里"是旧社会国民党统治下合法的妓院。我看后，暗骂这些无耻的败类。

我即推门而入，过一小院，是校长的住处，经佣工传达，校长知我到，从二楼缓缓下来。见了我，他很高兴，还和我开玩笑说，数年不见，长得更标致结实了。我说，校长精神很好，我更安心。大家坐下，接着谈到大门对联加添的字样，校长既愤慨又蔑视地说："看他们奈老夫何？"接着我们又谈了一些往事。

马校长问："1935 年夏天，你送参加联合年会的六个学术团体代表们到南宁后，是不是写了封信给李宗仁总司令？"我说："是。"校长问："写些什么？"我说："大意是：广西大学首届毕业生只有 29 人，自本年 6 月毕业至今已三个月了，除两三个由私人关系找到工作外，余均未有着落。因此，请总司令下令停办西大，何必花这么多钱，来制造失业人员呢？"校长听后，沉思片刻说道："难怪他那次对我说话，这么客气。他说：'你的学生梁庆培写信给我，收到了，请他安心。马老得便，带他来见见我。'"校长接着说："他大概以为是我授意你写这封信给他的。"

在我告辞时，校长说："今晚我有事，不留你了。在你离桂前，一定要来吃餐晚饭。下午 3 时后，我多在家的。"我高兴地答应了他。

马校长门上的淫词，使我返回住处时非常气愤，即写了一点感想送给当时的省府领导人，题目是《奇文共赏》。大意是："春满梨园""云行蔡里"是否也是"以彰有德"？不然，为什么能与"以彰有德"并存？马翁德高望重，早有定论，这些"淫词"，只会给桂林文化城带来耻辱，并说明当地负责维持治安者的无能而已。加封后，亲自送去省府收发室。

过了几天，我依约到马校长家用晚膳。在环湖路上，远远看见马校长家的围墙粉刷一新。走近看，墙上且有"禁止贴招"字样。对联旁的"黑字"已不见了。大门仍虚掩着，我推门直进楼下大厅，见校长坐在里面阅报。他见我来，招手叫我坐在他的身旁。我说："校长，我明晨搭车离桂。"他点点头，接着问："你写了信给他们吗？"他这一问，我真不知怎样作答。校长接着说："你上次来了之后的第三天，他们就来以'水泥'粉刷围墙，说改为'防空'色，避空袭。"（那时是防日机空袭）我才恍然大悟，我说："是。"就把内容说给校长听。校长问："签了名没有？"我说："没有，只写'桂林一过客'。"校长闭目似微微点头，并把手轻按着我的手背。整个大厅一片寂静，只听见墙上钟声"嘀嗒……"

不知过了多久，一女佣工来开晚饭了。在吃饭时，校长叫我多吃菜。吃饭完毕，校长坐回他原坐的位置，我仍坐在他的身旁。当时已暮色苍茫，我起立告辞，校长亲送我到围墙大门外，嘱我多多来信，我请校长多多保重。我转身低头默默地走开，走了四五十步，回头一望，仍见校长站在门前目送着我。

　　我当时急忙跑回，扶着校长，缓缓送他直上二楼的卧室。校长坐在他惯坐的靠背椅上，我也坐在他的身旁。校长说，他想赠首诗给我。我怕他过于伤感劳神，就说："我毕业时，校长已送了一副对联给我：'守身严似犬防贼；治学勤如蜂筑巢。'我常挂在我的卧室。我做了教师后，校长又寄了一条幅给我：'学然后知不足，教然后知困。'校长的教导，我终身享用不尽。请校长放心，我不会负校长所望的。"他也是闭目微微点头，似有无限感慨。

　　坐片刻，我轻轻步出房外，并把房门轻轻掩上，才轻轻走下楼去。我走到围墙门口，转身抬头一看，又见校长站在阳台望着我。当时我不知怎样，只向校长深深一鞠躬，转身就走。哪知这次看校长，竟是我最后看到他的一次！早知如此，为什么当时我不多看他老人家几眼呢！

　　（选自《忆马君武校长二三事》，原载于《桂林文史资料》第43辑，桂林市政协文史资料委员会编）